连 接

打造卓越 CEO 跨界竞争力

胡耀元 著

电子工业出版社
Publishing House of Electronics Industry
北京·BEIJING

内 容 简 介

　　跨界融合，连接一切是众创时代高效率、低成本的企业竞争力。本书从理论层面、实践经验等多个角度，结合当下的商业现状、管理趋势，全方位进行阐述，以通俗易懂的文字将"连接"这一商业革命新引擎呈现出来，并对读者如何抓住新时期的商业机遇和管理变革具有切实的指导意义。本书通过商业模式变革、资源整合模式变革、企业管理模式变革和连接分析系统，全面解决企业转型蝶变和创新发展课题。

　　本书适合企业家、管理者、MBA 等阅读。

图书在版编目（CIP）数据

连接：打造卓越 CEO 跨界竞争力/胡耀元 著. —北京：电子工业出版社，2017.7
ISBN 978-7-121-32144-3

Ⅰ. ①连… Ⅱ. ①胡… Ⅲ. ①企业竞争－竞争力－研究 Ⅳ. ①F271.3

中国版本图书馆 CIP 数据核字（2017）第 161179 号

策划编辑：吴 源
责任编辑：吴 源　　特邀编辑：陈 燕
印　　刷：三河市鑫金马印装有限公司
装　　订：三河市鑫金马印装有限公司
出版发行：电子工业出版社
　　　　　北京市海淀区万寿路 173 信箱　　邮编 100036
开　　本：720×1 000　1/16　印张：11　　字数：174 千字
版　　次：2017 年 7 月第 1 版
印　　次：2017 年 7 月第 1 次印刷
定　　价：36.00 元

　　凡所购买电子工业出版社图书有缺损问题，请向购买书店调换。若书店售缺，请与本社发行部联系，联系及邮购电话：（010）88254888，88258888。
　　质量投诉请发邮件至 zlts@phei.com.cn，盗版侵权举报请发邮件至 dbqq@phei.com.cn。
　　本书咨询联系方式：（010）88254440。

序
最好的时代是"连接"的时代

王 璞

北大纵横咨询集团创始人、中国青年企业家协会副
会长、中国职业经理人协会副会长、中国培训联合
会副会长、中国 MBA 联盟荣誉主席。

今天的中国企业就像一条穿越时空隧道的巨龙，龙头已经开始跟全球经
济一体化和互联网思维的最前沿接轨，龙身正在传统工业思维与互联网博弈
交集的浪潮中翻腾，而龙尾还深深扎根在传统工业化思维的泥土之中。巨龙
翻身，两种思维模式同时交织转换，由此将给我们带来多少这个时代所特有
的哥德巴赫猜想？

在国际产业大环境急剧变动的格局下，在国家致力于"互联网+"转型的战略倡导下，一个旧的商业时代即将隐退，一个新的商业时代已经拉开大幕。中国经济和中国企业的发展来到了一个何去何从的十字路口，面临着空前严峻的内外挑战。

中国进入新常态，李克强总理制定国家级"互联网+"行动计划以推动经济发展，并认为站在"互联网+"风口顺势而为，可以使经济飞起来。"互联网+"生态，以互联网技术为基础，与各行各业跨界融合，推动行业优化、增长、创新、新生。在此过程中，新产品、新业务与新模式会层出不穷，彼此交融，最终呈现出一个"万物互联，连接一切"的新生态。从长远来看，只有通过"互联网+"的创新思维，切实转变经营管理模式，提升企业内在的创造活力，从而帮助中国企业摆脱"创新乏力"的困境，摆脱"内部效率极限"的迷局，最终走出一条持续创新的康庄大道来。

一个问题是，中国企业在经历了种种管理理念的洗礼之后，在新商业的竞争中，什么才是企业制胜的关键？

我们基本可以做一个判断，仅仅依靠一个单点，仅仅依靠关键人才，依靠核心技术，想在未来激烈的市场竞争中"持续地赢"，将越来越难。那么制胜的关键到底在哪里？有了市场、客户、战略、制度、人才、合作这些还不够，要把它们有机地"连接"在一起，才算是一个完整的组织系统。

"连接"是我们对商业内核的新认识。可以说，本书理论基点即来源于此。凡是创造性地将产业中的多个要素综合运用于商业系统，在动态的调整与完善中使现有资源配置达到最优化的能力，就是连接力。

因此，整个商业系统可以看做这样一个动态的价值整合过程：将企业有限的资源通过整体性的专业规划整合，提炼出明确清晰的价值标准，并将之转化为易被人们感知的商业活动，从而吸引和连接相关价值要素，为市场机制、品牌建设、资本运营、员工发展提供价值资源平台。企业的商业模式围绕价值理念应时而变，就能达到提高运作效率、降低管理成本、强化对内"同一性"和对外"差异性"，形成核心竞争力的目的。

也就是说，企业有必要以用户价值为中心，以连接思维为准绳，以打造核心创造力为目标，统筹环境与资源，兼顾利润与价值，通过对经营活动进行连接、优化和取舍，建立与之相对应的商业系统。

如此，我们的企业就将告别过去那种粗放式、低效率、拼单点优势、拼资源消耗的商业模式，各行各业就将进入商业模式的创新时代。

总之，这是一个最好的时代，也是一个最坏的时代；这是一个最多危机的时代，也是一个最有机遇的时代；这是一个旧商业模式仍然奏效的时代，也是一个不断呼唤新模式诞生的时代；这是一个可以穿新鞋走老路的时代，也是一个可以全新突破的时代。

到底是一个什么样的时代，关键在于我们的思维、我们的智慧、我们的认知和我们的创造力。在经济转型期，企业要成功，关键是要改变旧的商业思维。除了老婆与孩子不能变，其他任何东西都要变。这一原则的企业版就是，如果它不是商业模式的核心，就一定要变。而对所有企业来讲，要抓住新时代的机遇，首先要变的就是企业，特别是企业家的商业经营思维。

最后，我要说的是，"连接"不仅是企业经营者的思维，更是这个时代的商业新规则。特别重要的是，"连接思维"需要中国化、个性化运作。作为企业转型、蝶变不遗余力的倡导者，看到后辈咨询师如胡耀元这样的年轻人以勤勉的工作实践推动商业理论的创新，使之在管理经营中发挥切实的作用，让新思维在社会经济生活中释放其创造活力，非常欣慰，是以欣然命笔为序。

前 言
连接：互联网时代商业新规则

我对于"连接"的兴趣开始于一个命题——"互联网+"时代的企业逻辑。互联网已经改写了商业的底层逻辑，很多企业已经开始走上转型之路，重构人与组织的连接。在这个时代，应该有新的商业模式和组织模式诞生。

华为认为"连接"是新的生产要素，并推出"全球连接指数"，据此判断一个行业的竞争力；乔布斯视"一切都将无缝连接"为苹果的持续竞争优势；Facebook下一个十年的发展方向，排在首位的是"我们想要连接整个世界"；而张瑞敏的海尔通过"人单合一双赢"战略，将每个"人"和他的"用户价值"连接起来，人人是创客，"企业即人，人即企业"。

2013年WE大会上，马化腾提出"互联网的未来是连接一切"的观点。2014年全球移动互联网大会上，腾讯COO任宇昕对"腾讯是一家连接型的公司"进行了阐释。世界互联网大会上，马化腾进一步明确提出腾讯要回归本质，专注做"互联网的连接器"，企业的使命也应该是连接、维系人类一切的情感、梦想和想象。

互联网、无缝连接、连接一切、跨界融合、协同创新，这些原来看似不搭界的字眼，现在组合起来让每个人都可以生发出联想。

连接：资源配置的基本逻辑

《阿凡达》中哈利路亚山上的灵魂树是纳威族人的图腾，大家的连接器都可以与之相连，也可以互连，那个美轮美奂的和谐世界实在令人神往。

连接改变结构，连接强化开放，连接促进跨界，连接推动智能。反过来，是不是也一样？

因此，百度连接人与信息，京东连接人与商品，阿里连接人与支付，美团连接人与本地生活服务，河狸家连接人与手艺人，微信连接人与人，腾讯连接一切。那么连接之后呢？用户卷入决策了，管理融合了，圈子社群化了，分享创造价值了……

当连接成为基本逻辑，侵占了所有的场景、个人世界与公共空间，我们不得不问：连接，究竟是精神驱使，还是技术驱动？连接的介质还有什么，眼神还是脑波？还有，一旦失去连接，这将是个怎样的世界？

连接，是一切可能性的基础。有时，连接的变化可以引致一场革命。可以展望，那些能够重塑结构、连接一切、有机交互、优化生态的组织将攫取领袖地位。

腾讯提出要在互联网+的时代做互联网的"连接器"，让"微信做连接的使者"，其真正要表达的想必是这样：微信是人和机构在互联网社会中的唯一ID。华为认为"连接成为带动这个世界运转的履带"，他们布局"华为 Inside"，描绘"全联接"版图，并对"失连"者表达关怀。

关于连接这件事，绝不是节点、控制、数据这些冷冰冰的词汇。体验、关怀、尊重、信任其实也相伴左右。很多时候，人们喜欢的不是企业或产品本身，而是自己所处的连接位置，以及该位置中自己浸润的情感。而最强大的是心灵的沟通，《阿凡达》告诫我们要"用心连接，用心感应"，所以我认为最美好的世界就是心心相印。

在新的连接下，人与企业、人与人、人与服务、人与动植物、人与自然，都需要"用心感应"。其实企业本身并无太大的意义，任何地方都有类似的建筑群。真正永不"失连"的，是融入这些建筑里面这样那样的情感、爱心以及像灵魂一样鲜活的体验和精神连接。

连接将成为互联网时代的一大主题。

连接对商业组织意味着什么

连接，直接影响着人们分享与合作习惯的养成。企业的引导具有一定效果，员工的参与、管理层的坚守，更是难得的动力。

在很多企业，精神分享塑造了公司不同层级、不同内涵的文化氛围，用文化化解企业快节奏成长带来的"群体焦虑"，成为企业共识。企业的连接，其魅力之处就在于，它不仅提供和创造了直接、便利的文化体验，更成为一个开放、探讨、分享的文化空间，成为精神传播的舞台和阵地，成为企业成员类聚和交流的场所，从而塑造出强劲的文化享受、浓厚的文化氛围，以"精神的相遇"塑造出一种令人向往、打动人心的工作和生活方式。

连接无处不在，边界也在逐步模糊。它涵盖人际、人与物、物与物、人与服务间的连接，渗透到工作、生活、健康、社交、休闲等各方面。

第一，连接是一种思维方式。连接思维首先渗透到人类思想的一切领域。连接思维意味着关注的不是事物本身，而是事物之间的关系。

基于事物的思维模式，整体等于部分之和。但是众所周知，事实上整体小于部分之和。而连接思维就是基于关系和价值最大化的思维。整合共赢的时代，合作的目的在于优势互补连接，进而取得整体的优势。好的企业几乎就是一家社会化实验机构，他们有合理的结构，有良好的机制，不断与员工、客户、伙伴一道，创新、试错、纠错，持续动态调适，不断成就他人的满足感。

第二，连接是一种沟通方式。没有连接就没有团队可言，连接的方式、效果、质量、机制决定了连接的广度、深度与持续性。从连接的层次看，可以概括为连接（connection）、交互（interaction）、关系（relationship）三个层次。重视连接、做好交互、沉淀信任关系是连接的最终归宿。在连接的时代，连接是稀缺品，我们沟通的本质是在竞争连接资源。

第三，连接是一种投资方式。精神连接的核心意义不在于当下，而在于未来，就是如何确保企业持续经营，基业长青，所以是一项前瞻性的企业战略课题。

企业对连接的投入，实际上是一项特殊的对未来的投资。现在蓄势以图未来爆发，或者上升期储蓄以备危险期支取。这项投资之所以特殊，因为它并非一定是"连着钱"，而主要是"连着心"。连接功能必须提升至"未来生存"高度，不仅要解决内部"从心的一致到行的一致"，更要解决企业"从上下一致到内外一致"的问题。要实现这一目标，唯有连接内外，达成共识，沟通一致。

第四，连接是一种生存能力。企业发展依赖的是企业的整合连接能力，而资源连接的实质是整合人，整合人就是整合价值观与行为。企业价值观高于企业竞争力，因为它把核心价值融入企业经营之中，不仅提升了企业的生存能力，更突出了企业最本质的内容——价值追求。

连接有一些基本要素，包括技术，场景，参与者（人、物、机构、平台、系统），协议与交互，信任等。这里，"信任"作为一个要素很多人未必理解或认同，我反倒感觉它是最重要的因素之一。因为相信，相信才有相信的力量。

我们相信什么是梦想？梦想就是可以对未来进行美好连接的空间。

我们相信什么是未来？未来就是有梦想、有创意、有努力的人连接在一起可以到达的地方。通过连接，让更多的人可以参与到梦想的设计中，让更多的创意、创新集成交融，从而共创未来、各得其所。

我们相信什么是企业文化？企业文化就是一种连接能力，是企业内在的创造力。一个企业的成功不仅因为其拥有丰富的资源，还因为其隐藏在企业背后的连接、支配资源的能力，这是基于动态的精神创造而产生出企业整体创造优势的深层次因素。并且，它是对企业影响最深刻、持续最长久的个性基因。

这就是我们必须珍视连接的最好理由。

连接重新定义了商业文化

"精神连接"，本来是视觉艺术领域的专有名词，指艺术作品中具有生命内容或拟具有精神存在的事物间产生的精神交流。让作品具备生命内容，产生"灵"和"神"，就是让各主体和客体间产生精神连接。一旦有了精神对象，作品内容才言之有物，不只是单独的、呆滞的模型塑造，主题的表达也能基于实物而高于实物，具备主观艺术价值。

文化是一切精神的连接装置。实际上，商业文化的一个基本精神就是连接，其所有的价值都在于它的连接成本极度降低所造就的价值。

商业文化的本质是爱，把管理的本质"爱"完成的过程就是连接的过程。文化贵在对企业内外资源（客户、员工、股东、伙伴、公众等利益相关者）的连接，就像黏合剂，可以把分散的资源紧密结合在一起，形成支撑企业未来竞争的核心生存力。"连接所有资源，向一个方向冲刺"是文化的最高策略。企业未来会发生什么样的变化，我想其中最显著的一个特征，是人和人之间的连接方式会发生变化。当人们的连接方式发生变化时，商业模式的重构就成为可能。

连接的核心仍是"凝聚人心"。人可以是个体，也可以是组织。商业的连接就是在不断连接个体和个体、个体和组织，慢慢将低频变成高频，然后增加情感黏性，做一个真正大的商业布局。

而基于产品人格背书的分享，会让人和组织的信息更有可信度，从而创造最佳营销。全系统的组织连接，会让不同的单元形成互补的管理连接，通过连接打破传统壁垒。在连接之中，人与人不仅形成学习共同体、生活共同体，还会因为信任共同的价值观而最终成为精神共同体。沉淀"信任"关系就是"互联网+"时代的基本商业逻辑。

从聚合到连接，从体验到信任，这应该是商业的最高境界了吧。

在新连接时代，我们应该怎么做

"互联网+"时代的道路摆放在了中国企业面前。这个新连接时代的到来，意味着企业战略必须有"连接一切"的软实力介入，对企业经营和管理进行"精确连接"，以此解决企业的核心问题，持续提升企业价值。可以从以下四个方面来进行：

（1）明确精神主张，凝心聚力。这是形成沟通客户和员工的连接基础。

（2）清晰商业规则，规范经营。借助规范的管理和行为方式获取价值回报，只有这样，企业才能结束自我冲突，连接成为同一个动作。

（3）提升内外形象，塑造品牌。通过连接形象传播活动以获得协同效应，形成同一种形象。

（4）连接内外资源，使命必达。通过建立开放、统一、高效、易于管理的平台，实现企业人员、业务、流程、信息的相互整合，从而灵活配制内外资源，实施一体化运作。

从长远来看，只有通过这种持续的连接思维，切实转变管理方式，提升企业内在的创造活力，从而帮助中国企业摆脱"创新乏力"的困境，摆脱"内部效率极限"的迷局，最终走出一条由"连接思维"打造的创新型组织的康庄大道。

我们基本可以做一个判断，仅仅依靠一个单点，仅仅依靠关键人才，仅仅依靠核心技术，再想在未来激烈的市场竞争中"持续地赢"，将会越来越难。那么，制胜的关键到底在哪里？有了战略、制度、人才、流程这些还不够，要把它们有机地"连接"在一起，才算是一个完整的商业价值系统。

"连接"是我们对商业内核的新认识。而这个商业内核的新逻辑，也构成了贯穿和渗透于本书所有内容的灵魂。

目　录

第二部分　基于连接思维的商业模式

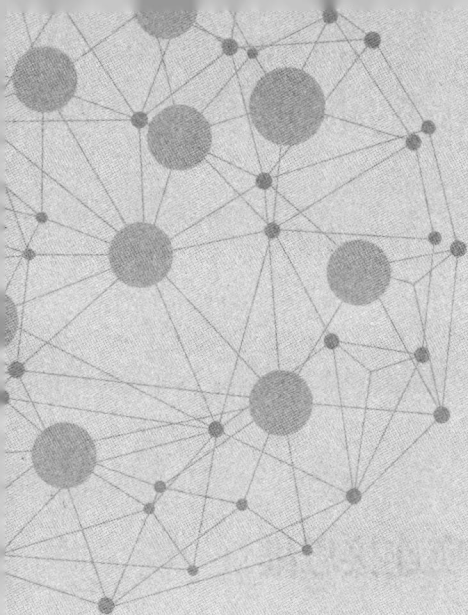

第一部分 互联网环境呼唤连接思维

第一次工业革命，蒸汽机车让人们以比以往更快的速度相连接。第二次工业革命，电话、电报让人们在几秒钟内实现连接。而第三次互联网革命，则几乎让远隔万里的人们在任何想要的时间内实现连接。如果要问互联网思维是什么的话，它一定包括连接思维。

在互联网的时代，企业之间的竞争重点已经转移到彼此和消费者的关系之间的竞争。是否具备强大的连接资源的能力，正在成为企业竞争的一个至关重要的因素。

而在传统组织结构中，高层权威感知不到市场的温度；即使感知到了，也无法连接外部资源。互联网时代规模经济式微，强势的 CEO 不能决定市场需求。随着市场需求无限多样化，CEO 反会成为企业最大的短板。

为此，我们必须强化一个意识：在互联网时代，大算不了什么，强算不了什么，钱多也算不了什么，连接高于一切。最好的组织是最懂"连接思维"的组织。

第一章　互联网焦虑症呼唤连接思维

互联网带来了巨大的商业变革。尽管这种变革并不像想象中那样来得凶猛，但其背后这种消融的力量让传统商业力量感到了空前的焦虑。

互联网焦虑，或者说移动互联网焦虑，正是当前商业领袖们面临的最重要议题。"如果我们不革命，早晚会被别人革了命。"对于一些新兴的企业，"互联网+"时代的到来，意味着翅膀遇到了劲风。而对于一些传统企业来讲，则意味着在变与不变、如何变之间苦苦挣扎。焦虑随之而来。

"互联网离我们远着呢。"不止一个企业家说过类似的话。但是到了这两年，大家都感觉到互联网不是一个行业了，它已经对很多行业进行了冲击。而且在它创造价值之前，也毁灭了很多价值。因此，一群以前很成功的人就在想，我怎样才不会被互联网颠覆，我该如何去利用互联网？于是，就有了"互联网焦虑症"。

互联网焦虑症引发商业变革

互联网焦虑症正在各行业加速传播并达到巅峰，不同行业的大佬在不同场合发声，表达了对这种焦虑的担忧。渐露曙光的移动互联网时代又给众多正在备受互联网焦虑症煎熬的企业火上浇油。

所有终端设备都成为智能中心，商场正在消退，教室正在消退，纸质书正在消退。关键是，用户主权重新界定，他们不仅仅是消费者，而且要参与到产品生产流程当中。旧世界被颠覆，新世界秩序还未建立。互联网成为砸碎枷锁的铁锤。从消费端到渠道，再到生产制造环节；从实业到金融，没有一个行业能躲过大潮席卷。

1. 互联网恐慌

让传统产业大佬们倍感恐慌的是他们想要进入互联网却始终找不到方向在哪里。明明感觉危险在一步步逼近，却看不清敌人是谁，随时都可能冒出一个颠覆者，打得自己毫无还手之力。任谁处于这样的环境中，都摆脱不了焦虑。

第一个焦虑是商业模式被互联网颠覆，改变了以产品为中心的传统商业模式。互联网是网状结构，不是传统的层级结构。

第二个压力点是互联网的存在，打破了信息不对称的商业环境，加剧了同类产品间的竞争。

第三个压力点是互联网及物流的齐头并进，打破了传统商业的地域限制。

最后一点是用户从物理空间走向了数字空间，用户行为发生了改变。公司都找不到方向了。

焦虑将成为波谲云诡的市场常态。根本的焦虑来自企业对互联网时代的市场变化高度不确定性的担忧和不安。

在互联网时代，市场越来越展示出一个规律——需求决定供给。原因是，现在是丰饶经济时代，产品无限多样，用户可以随意挑选。加之消费者信息的对称，使得每个人的注意力都是自由的，面临可以无限选择的产品。这就造就了一群没耐心、爱贪小便宜、刁钻，而且自以为是的消费者。

按照需求和供给的规律，这时候企业营销会发生一个改革。一方面是产品的同质化日益增加；另一方面是消费者的个性化、多样化日益发展，以及媒介传播的速度越来越快。

这时候需要企业做两件事：

第一件是由消费变革到交易变革，企业需要分解为无数"传感器"，快速阅读市场需求，并且根据这些需求来调整自己。需要学得更快，变得更快。这是互联网思维 1.0，考虑的是如何放大成交的可能性。

第二件是消费变革导致管理变革，企业需要分解为无数"小模块"，以便更加灵活地连接其他合作者的资源，以协同生产的模式匹配动态需求。未来是产业互联的时代，订单放量以后，如何打造一条超级供应链？这是互联网思维 2.0。

这就导致"无法识别用户需求"和"无法整合资源"的企业将很快被淘汰。变革迫在眉睫！

2. 互联网引发商业变革

下面我们分析一下互联网对于企业可能带来的改变。

从社会发展的角度来说，消费者真正在进入物质极大丰富、信息极大爆炸的阶段。除了少数能够在竞争中成功成为创新定义者的企业，其余绝大多数企业的产品，对于消费者而言都可以很容易找到和获取诸多的替代品。在这种情况下，作为负责获取消费者选择的企业，就必须肩负起更加重大和艰巨的责任。

从经济发展的趋势来看，大部分企业的竞争点经历了：成本优势竞争——生产效率竞争——渠道能力竞争，正在过渡到营销能力竞争的阶段。随着人力成本不断上升，在组织流程成熟的行业里，生产和管理效率优化空间已经很小，大量企业发现能够优化而且必须优化的是自己的渠道和营销成本。诸多新兴的品类或社交品牌的出现，其实核心的竞争力大部分都在于利用自身的连接能力，充分改变自身与竞争者之间的营销成本结构，从而形成性价比优势，快速占领市场。

从技术的原因来看，随着社交网络和开放平台的出现，企业可以获得的作为投放依据的消费者数据量每天都在以海量的速度增长，大量的程序化购买也在被广告主和媒体主快速接受。

我们不断且更深刻地认识到，各种类型的渠道不断发展和竞争，企业需要同时管理的消费者关系日益增多。而要创造最大价值的连接管理，企业必然需要将不同的数字渠道的连接进行打通、关联和整合。

所以，我们正在进入一个万物互联的时代：产品与信息，产品与人，人与人，产品与产品……在这个时代，连接管理的重要性，从未像今天一样，对于企业整体经营的成败有这么大的决定性作用。

如果概括一下这种变革，我认为就是重新构建人与商业连接——"连接人、连接资源、连接一切"。互联网肩负着重大使命和责任，这个角色被赋予太多希望。希望带给我们社会化创造性的实验，希望带来一场深刻的生活方式变革，希望完成组织关系模式的再造，希望实现一次新生态的全面重塑，引发社会重新发现新生产要素、释放生产力动能并集体实践。

互联网的本质是"连接"

毋庸置疑，互联网给我们带来的变革，绝不仅仅是单纯从经济、商业意义来讲的，也不仅仅是单纯说传统行业要"+"，其实还有对我们经济、管理、社会、人文、技术等多方面的深刻影响。互联网经济活动也不仅仅是一个企业行动计划或企业意志，而是让组织中每一个人都卷入。每一个人要去思索在这个连接过程中，怎样去找到自己的连接点，一起去构建和创造可以共同预期的未来。

互联网思维已经引起了广泛的思考，那么这些思考最终都指向了一个根本性的问题：互联网思维的本质到底是什么？

1. 连接改变了消费方式

互联网的本质是提供了连接，其中包括：用户与用户的连接，用户与企业的连接，企业与企业的连接。

用户之间相互连接的事实，致使传统用户间的孤立性被打破。口碑通过网络传播，在购买决策过程中发挥着愈发重要的作用。可以说，"连接"消除了消费者在传统媒体时代的信息不对称，使得用户与企业的关系发生了变化，地位发生了反转。企业单向主导的营销模式已难以立足，用户宁愿相信那些陌生人的评论，也不愿理会企业狂轰滥炸的广告。

网络评论系统的出现，使用户的在线评论成为口碑的良好代理，将人际间的口碑影响从熟悉的朋友、家人拓展至互联网上那些素未谋面的陌生人。让人意想不到的是，这些来自陌生人的口碑信息已经成为影响用户购买行为的决定性因素之一，也同样被视为产品销量的重要预测工具。正如人们依赖导航定位系统找到目的地一样，已经有越来越多的人将大众点评中的评分作为选择就餐地点的依据，将 IMDb（互联网电影资料库）评分、豆瓣影评作为观影前的指南攻略。

用户之间的深层次连接正在改变着消费方式。一些对商业机会具有灵敏嗅觉的企业开始更多地注重用户与企业的连接。

星巴克说："我卖的不是咖啡，是体验。"为此，星巴克在 20 世纪 90 年代就提出了家与办公地点之外的"第三空间"理念，并一直致力于提升用户全方位的体验。如与 Foursquare 携手推出的 Mobile Pour 服务，允许星巴克周边的消费者通过手机选择好咖啡并下订单，由踩着踏板的星巴克咖啡配送员根据地理位置将咖啡送到消费者手中。又如其与 Square Wallet 合作，允许消费者通过扫描二维码付账，简化消费流程。所以，星巴克来到中国后，即使被指责成本极低、定价过高，仍有大批消费者愿意为之付费，这都源于它植根于用户体验的文化。

黄太吉说："我卖的不是煎饼，是态度。"也因此，黄太吉始终坚持"良心用好料、还原老味道"的品牌理念，并通过一些细微之处改变了消费者对于"煎饼"的固有印象。如黄太吉门口的海报上写着"小生意，大志向""在这里，吃煎饼，喝豆腐脑，思考人生……"，把吃煎饼打造成一种很潮很有范儿的体验。

种种事例表明，消费者已经不像从前那样只关注交易价值本身，而是更关心交易之外的价值。星巴克和黄太吉的 WIFI 是免费的，但免费的东西有时却是最昂贵的。这就是互联网思维带来的产品增值，也可以说是价值的非货币交换，这也是消费者真正关心的东西。与此同时，一些业者开始探索如何将产品或服务的定价权赋予用户。早期的成功典型是美国的在线旅游公司 Priceline 所创立的客户自我定价系统。

六间房秀场的"打赏"模式创建粉丝的自我定价机制，激活"主播"与"观众"间的互动。这种秀场模式是通过培养一批年轻的"主播"，通过互联网展示才艺、与粉丝互动。粉丝的付费模式主要是通过"打赏"的形式，即购买虚拟礼品送给喜欢的主播，例如 5 分钱的鲜花、100 元的飞机等。而"主播们"的收入则是来自网站收入的分成，一些人气主播可以通过这种方式获得几万元的月收入。

价值的非货币交换是社区存在的本质。人们参与维基百科的知识贡献，不是为了追求商品的交易。用户在豆瓣等社区中分享电影、音乐，也并非为了某种趋利心理。对于企业而言同样如此，粉丝看重和购买的并非只是产品本身，而是附属的体验、文化、情感等。在这种情况下，产品的交易价值本身已经失去了价值，企业也随之发现自己品牌的控制力越来越小。相反，粉丝在品牌、产品中的话语权越来越大。以前说品牌塑造、品牌治理，是一种市场思维，注重交易的达成。而现在应当说品牌共治，是一种社区思维，将用户和企业真正连接在一起，并注重满足用户需求。

互联网只是一个工具，但这个工具却非常有利于构造连接，也为建立连接提供了非常便利的途径。互联网本身是中立的，它本身没有好恶的立场。互联网的本质除了提供连接以外，什么都没干，连接的直接结果是消解了权力。

2. 连接消解权力

社会学界认为，权力是指产生某种特定事件的能力或潜力。还有人认为，权力就是一种与理解的预测行为特别有联系的动机。其实权力的本质就是集体赋予领导主体（领导者个人或领导团体）支配公共价值资源份额的一种资格。

战略决定结构，对应战略目标的分解，组织结构也基本上采用"主从架构"或称"科层制"。毫无疑问，这一架构大大提升了效率。最高层的领导把任务指标下发给下一级领导，下一级领导再下发给下下级领导，以此类推，最后每个人身上都背上了 KPI。这种做法无可厚非，但是任何事情都有好坏两面。科层制架构提高了垂直沟通的效率，但却极大地制约了水平沟通的效果。

在很多时候，这种极度依赖于"命令、指挥"，但压抑水平沟通的组织结构，造就了垂直权力的泛滥以及所谓的"官僚制"的盛行，"公司政治"由此流行。

那么权力究竟来自哪里？这取决于两个方面。第一，拥有更多权力的人是因为他们有更多元的信息来源，其他的人只有单一的消息渠道来源。第二，只有单一渠道获取信息的人得到的消息内容，还取决于消息发出者的描述方式与真实内容的含量。

虽然互联网只提供连接，但是连接的要害在于消解权力。传统企业整个的组织架构，就是一个很强的命令指挥系统。比如一家传统公司，一开始只有 5 个人的时候，大家相互协商，相互聊天，共同决策。但是当公司有 50 个人的时候，就不能大家一起商量了。所以必须分层，分成命令指挥系统，层层传递，然后执行，每一个命令执行到位就可以了。但如今，企业领导需要接地气。任何一个员工都有可能和领导建立连接，并且很方便，通过微信、微博你就可以去关注你想关注的人。而一旦建立起这个连接，领导的权力结构开始扁平化而不是垂直化。所以原本那些通过垂直体系建立起来的层层权力体系，开始一层一层地崩塌。

每一个人就是一个节点而已，领导再也不像原来那么难以见面，也会跟你一样去交流。在朋友圈里面，领导会给你点赞，你也会给他一些各种各样的表情。所以，当组织中节点间的连接开始越来越丰富时，权力大厦便开始崩塌，大家都回到地面上，都像"草根"一样接地气。这才是互联网思维的本身，仅仅提供了一个连接，带来的却是权力体系的消解。

从本质上说，权力消解后便是重构的过程。纵向权力的消解是对工业时代价值生产过程的打破，迫使未来的价值生产必须依赖于横向的社会化力量才能得以完成，进而促成了社会化力量的崛起。这个时候的用户可以参与到价值生产活动的每一个环节中去。

在传统的权力体系基础上，互联网什么都没做，它只提供了连接。但是，连接消解权力，让权力网络中的节点回归到同一平面上进行重组。

连接是互联网的本质，连接思维所涵盖的一切，本质上都是对传统的工业化思维的颠覆。

连接型 CEO 的出现

在过往的时代里，企业和用户之间是没有连接的，甚至是陌生的。企业 CEO 也不会在意是否和用户有连接。CEO 决定营销广告都是追求好的创意、好的形式，不求做到精准，但求覆盖面广即可。但是现在 CEO 作为决策者对企业的营销业绩必须负责，所以互联网时代的 CEO 就需要肩负起企业和用户之间的"连接"关系，让企业和用户可以建立更加紧密的连接，以及由此引发的企业内部部门和用户之间更加紧密的连接。

CEO 的角色决定了企业表现，跟不上时代发展的 CEO 注定会被淘汰，这并非危言耸听。事实上从营销理论的进化和消费者行为转变上都可以预见到，未来企业的 CEO 注定要跟用户产生"连接"，这样企业的品牌效应才会更加受到消费者的青睐。

　　CEO 有这样大的转型主要是两个方面造成的。第一是时代的变迁，营销环境发生了改变，用户需求发生了改变，这些改变让 CEO 不得不跟着时代进步。其次 CEO 面对新的营销理论时不得不思考企业营销要如何做才能更有效。

　　在现代企业发展史上，CEO 的形象和当时的商业竞争的主题相互呼应。在 IT 产业发展的早期，曾经有一批 CEO 都是从技术型、科学家型的专家转变为管理者的，比方说 Intel 的 CEO 安迪•格鲁夫，微软的比尔•盖茨。而后进入到互联网时代、数字时代，当创新主要的机会大量出现在产品创新、应用创新的时候，像乔布斯、马化腾这样的产品经理型 CEO 成为了大量 CEO 学习的榜样。

　　在互联网时代，企业竞争的重点已经转移到彼此和消费者的关系之间的竞争上。一个企业 CEO 是否具备强大的连接能力，正在成为企业竞争的一个至关重要的因素。

　　在一些竞争程度非常激烈的行业里，CEO 们已经开始行动起来。比如，小米的雷军提出"要和米粉做朋友"，锤子手机的罗永浩通过直接面对面的创业经历分享和视频内容的传播来塑造锤子的粉丝。在其他行业，一批善于讲"情怀"、高度重视企业内部各个部门与消费者密切沟通和协作的 CEO 正在不断涌现出来。我们突然发现，CEO 有很重要的能力，不仅仅是技术和产品，也包括了与消费者沟通，以及连接外部利益关系体。

　　在未来，这样的 CEO 会成为新一代的 CEO 类型的代表，他们可以被定义为"连接型 CEO"。他们花很多时间跟消费者和员工在一起，跟消费者和员工沟通、互动，了解消费者到底需要什么，了解员工到底想要什么，然后驱动整个企业组织快速进行改变。

　　那么问题来了，企业 CEO 该如何让连接变得更有价值？

　　连接型 CEO 的价值，最终一定会体现在带给企业源源不断的、来自内外连接的订单之上。并且由于这种订单产生的基础是低成本的连接流量，因此使得具备这种连接能力的品牌，会和其他竞争对手形成明显的营销成本优势，比如小米和目前其他手机品牌竞争者在营销层面上的明显优势。

然而真正在实践中实现了这种"连接价值"的企业目前并不是很多。

有两个主要的原因：一是大部分 CEO 对于营销的理解，还停留在通过内容、段子进行传播扩散的层面，只是简单地从公关和内容营销的角度来推动营销。二是大部分 CEO 都没有真正建立起内外一致的"连接管理"能力。

那么相比而言，连接型 CEO 对营销有哪些不一样的地方呢？

第一，能让企业和消费者建立连接。

移动社交时代，消费者接受信息的渠道和方式发了改变。消费者对于品牌的忠诚度也并不是牢不可破的，他们会随着外界声音的影响把自己的目标转移到其他品牌上。所以要提升消费者的忠诚度，赢得长期稳定的关系，就需要和消费者建立连接。通过 CEO 和消费者建立的关系能够形成有效的互助、互求的关系，把企业和消费者紧密联系在一起。这方面做得比较好的应该就是小米的 CEO 雷军了，每天和粉丝在微博上互动能够及时了解用户对待产品的意见，进而推动产品的升级和优化。

第二，能够提升企业市场反应速度。

对企业而言，口碑好坏不在于产品价格高低和营销手段有多好，而是该如何站在消费者立场去用自己的产品帮助消费者解决他们的各种问题，并能够倾听他们的声音，对反馈的问题做出及时答复，以便对产品进行升级，满足用户需求。面对这样的情况，作为连接型 CEO，就需要有这样倾听的意识，利用和消费者之间建立的关系提升公司服务的水平，为企业在消费者心中留下美好的印象。

第三，有利于提升关系营销的重要性。

当消费者选择了企业产品的时候，就和企业建立起一种连接的关系。如果企业 CEO 能够把这种关系加固，增强企业和消费者之间的互动关系，最终形成一种关系营销模式，就会赢得更多消费者的关注。当然，这样的事情需要长期坚持。连接型 CEO 要有以产品为核心转为以用户为中心的思想，通过与消费者建立长期稳定的关系，实现长期拥有客户的目标。

最后，连接型 CEO 已成为企业成功的关键要素。

在移动社交时代，企业 CEO 是否具备强大的连接管理能力，成为企业竞争的一个至关重要的因素。下一个核心的竞争战场在哪里？就是如何获取用户，占据他们的心灵和时间。

我们这里和大家分享了一些判断和思考，比如怎样把用户及员工变成我们真正的合作伙伴，而不是我们口头上的伙伴；如何去重塑这样的关系管理，不是像过去那样只盯着客户关系管理，同时要去关注员工关系管理、合作伙伴关系管理、社会关系管理等，我把它称为"全面连接管理"，这是连接型 CEO 非常重要的基础工作。衷心希望 CEO 们能够拥抱连接时代，实现从事物思维到连接思维的历史性蜕变。

连接让我们走进了一个人尽其才、物尽其用、协同创新、各得其所的新时代。而连接型 CEO 正是这个时代的重要支点。

基于连接的商业模式将颠覆一切

随着社会从工业化时代进入全球化与信息化时代，连接思维将逐步渗透到人类生活和人类思想的一切领域。连接思维意味着关注的不是事物本身，而是事物之间的关系。这是工业思维和互联网思维最本质的区别，也就是说，商业模式的基础发生了变化。

1. 基于事物盈利的商业模式将消亡

什么是连接思维？连接不能改变 10% 的事物成本，但有可能把 90% 的中间成本变为零。所谓中间成本就是事物之间的连接成本。工业时代基于事物，依靠毛利率生存。而互联网+时代基于关系，事物将变成零毛利率。

互联网为什么能够改写商业的底层逻辑？因为互联网提高了教育

效率和生产效率，利用互联网技术能够最大程度地消除用户与资源之间的距离。

首先是用户用互联网将内心的欲望翻译成需求和订单，所以互联网带来的第一个好处是会形成需求放量。但是互联网的需求是零散下单，对供应链形成极大冲击，库存极度敏感的行业是非常害怕这一点的。这个时候就需要用互联网技术，将需求和订单翻译成本地生产系统上的命令和社会化协作（互联制造、分布式制造、工业 4.0）的安排。

小米手机模式的一个核心要点是通过商业模式创新，率先实现了零库存、零渠道费、零营销费，即在毛利率为零的情况下依然能够盈利，然后去攻击那些依靠毛利率生存的企业。通常企业的库存费是销售价格的 10% 左右，广告费是销售价格的 10%～17%，而小米全部做到零。所以小米的生产和运营成本是销售价格的 4.5%，非常恐怖。

当毛利趋零的时候，如果利润点仅仅来自事物，那么这样的商业模式在今天就走不下去了。基于事物本身赚钱的商业模式，即将消亡。

2. 产品是 1，社群是 0

有一句话叫羊毛出在猪身上，是说不能只从事物本身赚钱，而要从事物的连接上赚钱。未来的趋势是从商品为中心到用户为中心，用户成为商业最重要的资产和变现的基础。这是一个重大的结论。

猪八戒网创始人朱明跃说：猪八戒网做了 9 年一直不温不火，差一点就熬死了。9 年之后的我才醒悟到，从死做平台产品到经营沉淀用户，方才迎来转机。产品只是入口，用户才是商业模式，这是移动互联网时代真正的商业秘密，也是互联网时代的生存方式。

今天的时代，产品不是不重要了，而是更重要了。但是给产品插上一个什么样的翅膀，能够让它成为一个高维文明呢？产品是 1，社群是 0。社群能够把你的商业价值加上倍数来变现你的商业价值，基于产品和需求点建立连接，这个连接给你带来的回报远超产品本身。

3. 基于连接的商业模式将颠覆一切

基于事物的思维和基于关系的思维有什么区别？基于事物的思维模式整体等于部分之和。假如开一个学校，收入等于学生的数量×学费。假如想增加收入，投入更多的老师、更多的资源，就会有更多的学生。

而基于关系和连接的思维，有一个很重大的变化叫整体大于部分之和。所以我们看到，全球最大的出租车公司 Uber 没有一辆出租车，全球最热门的媒体 Facebook 没有一个内容制作人，全球最大的住宿服务商 Airbnb 没有任何房产，全球市值最高的零售商阿里巴巴没有一件商品库存。

基于连接的商业模式将颠覆所有行业，因为整体大于部分之和。这个附加值增加的部分从哪里来的？增加的部分来自事物之间的相互连接作用。

连接思维是全球化时代、信息化时代、互联网经济时代必备的思维方式。这个概念虽然很新，但这股潮流已经汹涌澎湃，滚滚而来。希望各位企业家对此模式高度关注，及早运用并从中获益。

第二章　互联网时代的组织转型升级

很多企业在思考转型升级，什么是转型升级？这是一个事关紧要的问题，只有身处水深火热的企业家最为清楚。有些他们愿意体认，有些他们选择躲避。

转型就是重新定义和定位，升级商业模式和技术。如果说企业转型有一个主线方向的话，我们认为需要构建一个连接器，把转型所需的资源、智慧连接在一起，就能实现"让转型不再困难"的社会愿景。在新常态下，企业必须超越线性思维，用"互联网+"来连接用户，连接员工，连接合作伙伴，为转型升级服务。

在前一章，我们试图完整阐释"连接"的基本内涵，因为其出现也正是面临一个正在转型的互联网时代背景。

消费转型：新经济时代的情感人假设

这个世界简单地说，只有两样东西存在着，即物质和心灵。

为此，我们可以说过去的世界一直都是围绕着物质的时代，物以稀为贵，人类的一切活动都是围绕着最大限度地解决物质供给与需求的问题。而当今世界已进入一个物质供给与需求过盛的新经济时代，最稀缺的不是物质供给与需求，而是心灵和情感的供给与需求。

1. 走进心时代

所谓"心时代"，顾名思义，是一切从心出发的年代。

在此之前，我们经历的是一个物欲消费的年代，因此经济学家把 20 世纪称为"身经济时代"，此时强调自己拥有什么很重要。21 世纪显然与 20 世纪不同，这是一个人人追求心灵感受的时代。

我们要的不是服装，而是迷人形象；我们要的不是家具，而是品位舒适；我们要的不是房屋，而是家的温暖；我们要的不是婚姻，而是爱情永恒；我们要的不是人脉，而是情深似海；我们要的不是教育，而是智慧修养；我们要的不是娱乐，而是身心愉悦；我们要的不是工具，而是创造美好。我们要的不是物品，而是它带给我们的想法、情绪、气氛、感觉和收益。

我们从未像今天一样接近个性、感动、自在，我们简直比任何时候都关注历史感、空间感和生活的丰富性。

从产业角度分析，在经历了农业文明、工业文明之后，人类文明正在迈向后物质时代，所有的发展都是为心灵的回归所作的铺垫，一切物境只是心灵的作用而已。教育产业是"修心"，信息产业是"明心"，娱乐产业是"调心"，健康产业是"养心"，咨询产业是"益心"，服务产业是"关心"，慈善产业是"爱心"，宗教产业是"安心"，简直就是一个直指人心的时代。

从市场的角度看，在商品同质化时代，消费者不仅购买商品的功能价值，还购买商品的心灵价值。比如商品设计是否有更巧的心思、更多的心意、更好的心趣、更爽的心情、更醇的心境、更高的心智、更美的心灵、更强力的心志，可谓得"人心"者得市场。进一步讲，商品是"心"的载体、符号、表象。"心"有万殊，故有万种商品形式创意。

从消费者的角度看，在产品短缺、需求粗放的时候，人对产品的要求就会低，就是所谓的"饥不择食"。而一旦产品越来越多，人的需求就被自然推高，就是所谓的"挑花了眼"。虽然我们周围的东西越来越多了，但是称心如意的东西却越来越少了。一方面社会还是按照原来的方式生产商品，另外一方面真正能够打动我们的东西越来越少。人们该有的都有了，没有的都还没有被发明出来，究其本质是消费者的需求升级了。

这也就意味着转折点开始出现了！

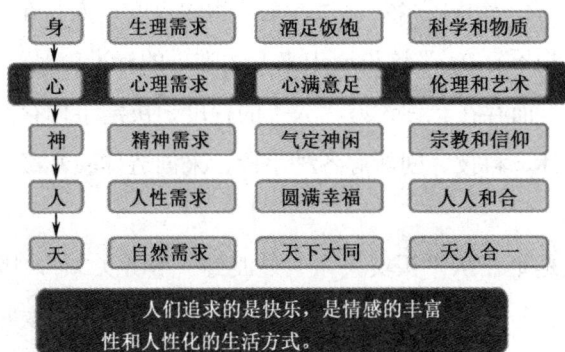

图 2-1　"心时代"核心诉求图解

2. 心时代法则

心时代的法则是"认同即是价值"。我认同你是最好的，你是最卓越的，你最具吸引力，那么我便追随你、支持你、消费你。在心时代，主观意愿起了很重要的作用。主观的需要、情感和精神的需要与价值有密切的关系，这种需要和认同越深刻、越普遍、越持久，其价值也就越高。

心时代的根本在于对人的设定："经济人假设"还是"情感人假设"。

我们不难发现，所谓经济人假设，等于理性人假设；所谓社会人假设，等于情感人假设。经济人假设建立在符合逻辑的利害计算上，而社会人假设建立在以情感为前提的人际交流上。如果把利益追求仅仅理解为物质利益，那么人类情感就会失去寄托，人类关爱就不复存在。

情感人假设，即人类欲望的本质是追求精神快乐，人类的所有需要都是对于快乐的需要和痛苦的避免，各种物质对象只是满足人们精神快乐的手段。

随着消费市场的变化，这种追求以人为本、情感投资的企业成为新旧商业文明的一道分水岭。企业开始把眼光聚焦于商业中人的因素，思考着新商业文明的价值观。

究竟什么是"以人为本"呢？

《论真理》有一句哲学名言："人是万物的尺度，人存在时万物存在，人不存在时万物不存在。"这说明未来万物唯一的标准就是"人"，一切都因讨好了"人"而存在。你讨好"人"的程度，决定了你存在的价值。商家必须通过设计、科技、创新等各种手段，来创造体验升级，从而构建消费增量的红利。

商业本质是正在从"买卖关系"过渡到"服务关系"。围绕服务体验的商机，正在展开翅膀。这种服务关系不是优化消费者在空间里的比较优势，而是优化消费者在时间里的自我感受。未来的商品必须体现对人的关怀与服务。你若再无视客情关系，损失的将是一个时代。

这就是"消费转型升级"的本质：商业已从一个交易的时代，进入到一个关系的时代。因为消费者需要从对产品的满意感转型为精神层面的满足感，因此商家的文化、创新、体验及情怀，都将英雄有用武之地！未来商业会有两个流派：一个是帮助用户省时间，而省下的时间就是第二种生意，帮助用户把时间浪费在美好的事情上。

最美好的事情是什么？如果说"今日头条"是母爱逻辑，孩子要什么，妈妈就给更多。还有一种好东西就是"父爱算法"。乔布斯为什么不做市场调查？不做市场调查的乔布斯却创造出了 iPhone、iPad 等一系列广受消费者欢迎的产品。原因就是对人的深刻洞见，最好的服务是给他还不知道的好东西。这是下一个消费转型的方向。

互联网让所有产业都必然向服务业演进，真正的机会不在于付费、免费，而在于是不是提供服务。以人为本、以心为本的服务模式创新对于商家长久发展无疑起着关键作用。

从管理的角度来看，我们常说一个企业要有向心力、凝聚力，要和谐。这实际上就是在考验作为一家企业，是否能用服务把企业用户吸引在其周围的能力，带领大家齐心协力共赴卓越。

因此，价值认同、精神连接就是心时代的核心诉求。

做好"心"的管理，可能需要企业一定的经济投入，但"心"的连接绝不是用钱去做的，而是用"心"去做的。如果没有心，花再多的钱也不能做得好，做得深入人心。因为用心，你才会寻找产品化与人性化的最佳平衡；因为用心，你才会寻找利润最大化与价值最大化的最佳平衡；因为用心，你才会千方百计去满足用户不断丰富的内在心灵需求。

正是因为用心，你才会经营人心，得到认同。我们有理由相信：我们想抓住用户，我们想留住员工，就要留住他们的心，就要围绕他们的"心"来开展工作。经营人心将成为这个时代的一大主题。

商业转型：用户中心+技术驱动

当信息文明全面取代工业文明的时候，企业——这个工业时代最重要的组织创新，也必须被超越。互联网时代，商业形态正在发生怎样的变化？

无限多元、个性、极致、快速迭代的用户需求，给企业的挑战不断加码，传统层级化组织模式已经越来越不适应环境的需求。互联网更是让用户需求带来的挑战难度以几何指数增长。优秀企业固然可以用组织扁平化的武器升级自我，却始终无法匹配用户需求的更新速度。

互联网+带来了连接方式、关系结构、权力结构的重塑的同时，让合作与协同、管理与激励、运营与监管、效率与效能等传统的逻辑都发生了变化，甚至是游戏规则发生了反转。管理过去重在控制，重在秩序，重在威权，重在负激励。这种以层级制为特征、以管理为核心职能的公司，面临着前所未有的挑战。

当今时代的确需要转型，诸多企业已开始探索转型之路。然而什么才是适合这个时代的组织模式？

趋势一：用户中心主义

现在很多组织越来越多地把消费者称为用户，甚至想要把他们变成粉丝。互联网时代，企业生产产品的思路是：who 用户有什么诉求；what 基于用户诉求（愿望和需求），企业需要提供什么样的服务；how 企业需要哪些资源，有就拿出来，没有就整合！

市场由企业主导转变为用户主导，企业由物质生产商转变为品牌服务商，用户才是互联网时代企业发展的决定性因素。利用互联网进行企业转型或创业，其核心精髓就是——以用户为中心。

传统企业转型互联网，特别是实体型企业转型互联网时怎么做到以用户为中心，可以通过这个"3W"模式来达到。

第一个 who，即准确定位用户群，做好企业的市场定位。对用户和客户要有一个区分，不能将二者混为一谈。用户指的是终端消费者，是产品或服务的最终使用者；而客户指的是产品的购买者。大部分时候这两者是一体的，产品的购买者也是消费者，但也有不一致的时候。如针对儿童用的洗护用品，客户是儿童的父母，用户却是儿童。这时就需要有一个准确清晰的区分定位，将用户和客户都考虑进来。互联网能帮助企业进行庞大的数据分析，做到准确定位。

第二个 what，即弄清用户群的核心需求。有些实体型企业在转型时将互联网看得太重，将大部分精力投入到构建互联网平台上，而忘了用户需求的根本还是其商品。如果没弄清或弄错了用户群的核心需求，就有可能造成缘木求鱼的情况。费了很大心思和精力去经营一款产品，最后出来的却不是消费者需要的，没能勾住消费者的爽点，这就是一款失败的产品。

第三个 how，指的是怎么满足客户的需求，将用户体验做到极致。有两个玩法。第一个玩法是通过深度交互发起生产，打造爆款，用户参与产品迭代和营销。如海尔的雷神游戏本，没生产之前先请用户提意见，说出需求，在用户的吐槽中迭代出一款他们认为完美的产品。第二个方法通过"深度交互"累计大数据，实现精准推送。亚马逊就有很厉害的大数据收集系统，给用户和供给侧的商品打上标签，两个标签一致，供需就可以对冲。现在亚马逊推送产品的成功率达到了 64%。

在如今科技高速发展、信息飞速传播的互联网时代，用互联网思维帮助企业转型已是大势所趋，成功的核心在于"以用户为中心"。成也用户，败也用户，企业应始终站在用户的角度思考商业的每一个环节。

趋势二：技术驱动创新

世界正在经历一场前所未有的变革，国家已经看到，经济发展不应只注重数量的提升，更应关注质量的提升。在这种时代背景下，技术驱动经济转型成为必经之路。

面向未来，互联网、数据中心、云计算、大数据和物联网这 5 大技术的不断发展和相互促进，极大地驱动了商业模式创新。这些技术增加了交易的透明度，改变了交易方式和交易路径，能够在更大范围，以更低的交易成本、更快的速度、更高的交易效率，实现资源能力的商业价值。

互联网、物联网等技术还发掘了数据资源的价值，产生了一种新的经营要素——数据资源，挖掘出一个巨大的宝库。许多分散的数据整合起来后，能创造巨大的价值。数据资源一个重要的用处，就是有助于精准定位用户的个性化需求，从而可以提供个性化产品服务，并有助于个性化定价。

移动互联网带来的是持续连接，过往交易往往是一个离散过程。为什么蚂蚁金服对于传统金融业的震动如此之大？一个重要原因就是它与用户的连接可以更完整地记录用户的交易行为和结果，更精准地洞悉需求。而传统银行与用户的连接方式，信息是离散、有限和有偏的。

再如，滴滴出行就是利用移动互联网技术，在乘客、车主、平台这三方之间形成了一种交易结构，提供了成本更低的出行方案。而此前他们没有连接的通道，或者连接的方式极不通畅。

商业模式转型设计所追求的境界，就是要善于利用存量资源能力。随着技术进步，会有更多资源能力要素被解放出来。

管理转型：组织变革+赋能于人

当跨界越来越流行的时候，我们发现，互联网最先摧垮的还不是现实与虚拟之界，而是纯粹的物理边界、固化的组织边界和清晰的团队边界。当云连接、云组织、云协作、云创新风生水起的时候，我们不妨自问，原来的管理思维、管理模式还玩得转吗？

当网络崛起后，全景社会进入共景社会，信息公开化程度大大增强，所呈现的是一种围观结构。企业在信息资源的把控方面失去了原来的优势，员工多元化的认识、多元化的存在、多元化的意识开始挑战传统管理的权威和方法。

首先是舆论挑战权力，一个事件全民参与，形成舆论压力。

其次是个人挑战组织，个人拥有更大的空间和机会，对组织的依附度呈下降趋势。

再次是创新挑战秩序，创新开始挑战现有的规则。时代在变，你不得不变。

互联网来袭，即使你的企业与互联网业务无关，每个人也会有互联网思维。而传统企业要想进入互联网环境，组织也必须快速转型，但对于传统的组织模式就很难了。所以，企业应通过打造一个柔性化的组织，才能快速响应这个社会大环境的变化。

趋势一：平台化变革

虽然未来的组织会演变成什么样现在很难说清楚，但未来组织最重要的功能已经明晰，就是赋能，而不再是管理激励。未来组织的转型方向，是转型平台，聚集一群聪明的创意精英（smart creative），营造合适的氛围和支持环境，充分发挥他们的创造力，快速感知客户的需求，并且愉快地创造相应的产品和服务。

企业要转型平台化，需做三件事。

一是要去行政权威，让位于业务单元和个人的主观能动性。坚决杜绝把员工管成孩子，原来是孩子也要赶孩子出门。

二是企业的管理层更多地把自己定位于初始资源的分配者、规则的制定者、秩序的维护者，不再以行政命令的方式来调配资源。

三是员工创客化，就是去行政服从。企业只负责搭建平台，让员工自己决定生产，发挥个体的积极性，当然这里必须有一个风控。创客型员工应该是在线不在册，即"不为我所有，但为我所用"，形成开放的人力资源体系。

在"心"时代，最有价值的人，是以创造力、洞察力、对客户的感知力为核心特征的"创客"。创客最主要的驱动力是创造带来的成就感和社会价值，自激励是他们的特征。这个时候他们最需要的不是激励，而是赋能，也就是提供他们能更高效创造的环境和工具。

趋势二：赋能，而不是激励

赋能的原则如何体现？

第一，激励偏向的是事成之后的利益分享，而赋能强调的是激发动力，给予挑战。

组织的职能不再是分派任务和监工，而更多是让员工的专长、兴趣和客户的问题有更好的匹配，这往往要求更多的员工自主性、更高的流动性和更灵活的组织。甚至可以说，是员工使用了组织的公共服务，而不是公司雇用了员工。两者的根本关系发生了颠倒。

第二，赋能比激励更依赖文化，文化才能让志同道合的人走到一起。

创客再也不能用传统的方法去考核、激励，公司的文化氛围本身就是奖励。本质上他们都是自驱动、自组织的，对文化的认同非常较真。为了享受适合自己的文化，创意精英愿意付出、拥护、共创。一个和他们的价值观、使命感吻合的文化才能让他们慕名而来，聚在一起，奋发进取。因而组织的核心职能将演变成文化与价值观的营造。

认同你的文化便是你忠诚的追随者。对企业来说，要留住人才，就要留住人才的心，让他们顺心、开心、安心，围绕他们的"心"来开展工作。时代在发展，社会在进步，管理在升级换代。每一个企业都必须走进"心"时代，顺应人心，整合人才。

第三，激励聚焦在个人。在原有的组织概念当中，要先了解"我们"才会了解"我"。但是在新的趋势里，是先有"我"，才会去转化成"我们"；是先有"个体价值"，才会去转化成"整体价值"。而赋能特别强调组织本身的设计、人和人的互动。

谷歌那些声名远扬的免费服务，不仅仅是提供员工福利，很大的一个目的是增加他们的互动，以形成创意生产力。良苦用心，令人深思。

微软能把那些不喜欢大量规则、组织、计划的程序员团结在一起，遵循"组建职能交叉专家小组"的策略准则。专家小组的成员可在工作中学习，从有经验的人那里学习。没有太多的官僚主义规则和干预，没有过时的培训项目，没有耍"政治手腕"的风气。经理人精干且平易近人，从而使员工认为微软是最佳的工作环境。这个环境背后依然是一系列配套的机制设计，例如每周员工大会的透明沟通、员工的自主权、跨部门调动资源的能力等。所以，促进协同的机制设计，这是未来组织创新最重要的领域。

最高明的组织，就是"赋能于人"。为员工提供更多的发展空间与机会，使之在轻松舒适的环境中工作，沐浴着人性化的亲切关怀，并以创造者的身份投入到工作中去。

趋势三：情感，而不是物质连接

转型之下，企业首先得理解真实的人性。

快乐成长是人的原生态需要，只有那些"以人为本"的企业才能理解这种需要。在他们眼里，员工是人，是他们创造了企业的财富，而不是一种生产要素和消耗品。相反，那些"以钱为本"追求自我实现的管理者却只能利用员工，视员工为逐利的工具。

当今时代，已经发生了翻天覆地的变化，尤其是80后、90后的价值观发生了重大改变。员工要的不仅仅是钱，还得看重企业为其提供的福利；不仅需要量化的标准，更需要无形的待遇。

所以，转型后的组织得掌握情感管理。遗憾的是，很多企业获得人才的忠诚度越来越低，只知道有问题，但从未探索管理危机的根本原因。

过去OEM（贴牌加工）时代，强调员工无条件服从，目的是进行机械化大生产，实现规模效应。现在是OBM（品牌创造）时代，强调要激发和运用员工的智慧，目的是关注消费者，提供个性化的独特价值。这个时候，企业就要借助情感的特殊功能来调动员工的积极性，以情动心，以情感人。需要通过情感管理提高他们的工作热情、激发他们的工作潜能，以此实现对企业内部资源的整合。

情感管理是心理契约和企业情感文化的有机结合。

在企业中，人所得到的满足程度是一个如下的公式，$E=F \times Si \times I$。其中：E 代表员工的工作效率；F 是员工的情感影响力，它表明员工的态度；Si 是员工采取 i 行动的满意程度；I 是员工为完成某项任务所采取的行动。

由此可知，当员工在某种需要的驱动下去完成任务时，如果其需要受到某种情感的影响而放大，那么其认识的动力就会放大，从而增强满足感，提升工作效率。相反，则是满足感下降，影响工作效率。而知识型员工的劳动具有能动性、劳动过程的不可控性、劳动成果不易计量、不喜欢监督和控制等特征，需要企业正视情感投资，懂得情感激励。这样，职场中的每个人都会享受那份工作、享受创造的乐趣。

餐饮巨头海底捞只是在人、管理、文化上下了一点功夫，就取得了如此辉煌的成就。试想，如果一个企业再升华一点，到了信仰层面，那就更不得了，那将是成功与伟大的区别。

领导力转型：以硬塑形+以软攻心

这个时代，传统企业 CEO 大多都患上了"互联网焦虑症"。生死存亡之际，不解此症，犹如摸黑前行。在互联网+时代，传统企业的领导力正在面临怎样的动摇？该怎样革新？这当然是挑战眼球的现实问题。

任正非认为领袖要能在幕后发挥影响力，把冲锋陷阵的成就感留给下属，做好组织领导的"悬挂能力"。他还说："一个人不管如何努力，永远赶不上时代的步伐。我放弃做专家，而是做组织者。"任总给出了新经济下的管理者自身的定位，即 CEO 唯一要做的正确的事情就是"连接资源和员工"，即吸引人、连接人、促动人和提升人。

互联网时代呼唤新型领导力的涌现。移动互联网一代的领导力特质，将显著区别于工业时代的领导力特质，并成为 CEO 带领组织走向成功的关键。

1. 领导角色转型

信息供应者——提供海量信息与信息处理帮助能力，高度透明化与便利获得性，让个体获得高度的对称信息与自主选择能力，与信息垄断者的传统型领导迥异。

交互沟通者——让不同意见与信息在流动中影响彼此，无论是主张者还是试图充当裁判者，都在多元互动中消减了权威性，命令式的领导很容易在网络中被边缘化。

动态凝聚者——互联网让大规模获得粉丝成为可能，而且获得规模粉丝的成本降到了最低。与此同时，由于网络信息的充分性与时效性，形成了维持粉丝社区的成本，也施加了网络社区维护的社会压力，不能松懈，走红很短。

自我更新者——无论是社区、平台还是网络商业形态，它们在创造了新的服务模式的同时，又受到了在网络上成长起来的创业者与创新者的挑战，因此不只是网民个体需要不断适应网络新生事物，而且网络地位的维持高度取决于创新与自我突破的能力与动力，网络世界的维稳机制让位于维新机制。

网络自治——虽然存在着利益冲突与意见冲突，信息传播的充分性让大部分的问题与冲突可以在网络社区中以自我消化的形态解决，网络社区中也会形成自己的舆论领袖、前卫者与后卫者、仲裁者与意识形态主张者。只是这些角色的产生与演化，来自更自主的行为。即使有幕后设计师与操盘手，这样的机会也相对有更为广泛的分布。

认识网络领导力很有意义，因为它同时会塑造与影响网民的被领导意识与跟随模式，也会导致线下世界与网络领导模式之间的协调与适应问题。

2. 能力素质转型

不惧风险

这一代领导者与其前辈的最大区别在于，这个时代越来越充满不确定性。原有的核心资产可能会突变为包袱，原有的核心竞争力可能会不再具有竞争力，原有的对于商业环境的基本假设正在发生巨变。新一代领导者不再寻求确定性的、稳定的、刚性的领导模式，而是要建立起不确定性的、变动的、弹性的领导模式。最重要的是，新一代领导者需要从价值观深处认识到未来的世界是充满风险的。要前行，就必须进入风险之中，努力的方向不是躲避风险而是积极拥抱风险。

赋予意义

未来的领导者带领的是未来一代的下属。对于未来一代的追随者来说，不会再像前辈一样，受制于威权主义。他们对于领导者的态度发生了改变，他们要认同领导者的理念，而不是服从领导者的威权。他们要为领导者提出的使命所感召奉献，而不是受到领导者的权力控制。他们需要由领导者来表达出他们所追求的意义，而不是简单地为金钱和地位所激励。未来的领导者必须能够给组织或产品赋予意义，这与其说是一种能力，不如说是一种情怀。随着科技的进步，未来领导者的人文素养反而愈发重要。

引领探索

不确定性改写了未来的管理范式，不再有长期稳定的战略、商业模式、产品与组织结构，更没有无所不知的领导者。对于未来的领导者来说，其对于团队的最大价值并不在于描绘方向。比方向本身更重要的是，他需要提高整个团队探索未来的激情和能力。也就是说，他可能并不很清楚如何攀登山顶，但他却可以打造一支跃跃欲试、不放弃各种可能的登山队。积极的探索精神将成为未来领导者最重要的特质。

追求极致

未来的领导者必须具有极客精神，在品质、体验、模式方面追求达到极致。这并不是一个完全理性计算的结果，而是带有强烈感性色彩的个人追求与组织抱负的结合。未来领导者的类型将是"右脑"发达，使情感渗入产品和服务，把情怀和意义带入组织的领导者。他们将更加积极地扮演体验官、产品设计师、产品经理、创意大师和投诉代言人的角色。他们将无所不用其极地拷问产品、拷问服务、拷问体验，这与其说是超越客户的满意，不如说是达到领导者对自身品质的极致追求。

颠覆自我

未来的技术和商业发展，将越来越具有颠覆性，产品和创新的周期越来越短，任何追求长期稳定的想法都有可能导致组织溃败。成功的企业必须是时刻保持危机感，在商业丛林中不断移动的企业。未来的组织要么被别人颠覆，要么被自己颠覆。这要求 CEO 必须敢于挑战自我，颠覆自我，并始终信奉东方哲学的内省精神，有彻底打碎自我、浴火重生的勇气和精神。而这种基于反省的价值观也将根植于整个组织之中，并成为整个组织的思维模式。

3. 领导思维转型

《创新之力》讲了一句话很有意思，"前一秒船长，后一秒海盗"。船长要沿着既定的方向去行驶，要避开暗礁顺利到达。同时也要去做海盗，在这个过程中不断发现新的机会，展开一些创新。这种创新不仅仅局限在企业内部，更要把生态打开，要有效对话，还要跨界融合。

所以，领导力需具备第一个思维：直升机思维。

直升机思维就是站在云端看世界，想问题。企业 CEO 要能够做直升机，能够迅速起降，超前洞察未来是什么，从未来去看我们当下如何去做，这就是战略。我们过去的思维方式，总是局限于山下思维或山头思维，误认为山头思维就是思维的最高境界。在这个跨界融合的时代，山脚思维没有出路，山头思维也过时了，取而代之的是直升机思维，就是站在云端看世界，站在云端思考问题。否则，企业将会遭遇前所未有的挑战。

企业之所以被跨界打劫，就是因为他们只站在自己的山头上思考问题，不知道其他山头上的敌人要攻击他们。他们如果站在云端看世界、想问题，上述打劫就有可能避免。而且还可以发现其他山上的机会，还可以跨过山头去打劫别人。由此可见，直升机思维是一种顶层思维、战略思维，比山头思维站得更高，看得更远，可以让 CEO 们避免犯战略性错误。

领导力还需具备第二个思维：深海蛟龙思维。

CEO 们同时要能够下潜，像中国的深海蛟龙一样，能够看到细化的一些领域，看到一些新的模式、新的业态的可能性，看到每一个个体的困惑、努力和梦想。也要跳出原来的职能化管理模式，尝试应用智力资本这样的思维、运营框架来解构并付诸实践。既要敢于跨出边界，还要懂得构建"围墙"，能够给自己划出一个创新的连接社区。

简单讲，就是通过不断连接，把自己和世界连接，把人和人之间、人和物之间、人和服务之间、物与物之间进行连接，把人和外宇宙乃至于我们的历史、未来之间进行连接。在这个过程中，我们不断用碎片时间和优质时间，建立这样一个连接器。在这个上面沉淀关系，获得我们现实、虚拟体验的深度交互。

4. 领导方式转型

无论是传统企业还是互联网企业，塑造自身的新型领导力，是重要且不可回避的问题。未来组织为了适应同样的市场需求，必然拥有同样的逻辑、同样的进化方向——进入"以硬塑形+以软攻心"的领导力模式。在此模式下，企业可以尝试以下管理方式。

信仰自我管理

数字时代成长起来的"90 后一代"，从小就生活在有线、彼此联系和新奇的世界中，他们的字典里只有自我实现这个词。这个时代其实不太需要更多的管理，因为这是一个自我管理的年代。新一代的管理=目标管理+自我管理。优秀的领导者也应该是一个优秀的自我管理者，因为大家都在看着你。管理者需要以身作则，堪为榜样，而不能再站在高处对下面艰苦作战的部队喊话。

赋予员工意义

对于未来一代的追随者来说，不会再像前辈一样受制于威权主义。他们对于管理者的态度发生了改变，他们要认同管理者的理念，而不是服从管理者的威权。他们需要由管理者人格背书来表达企业追求的意义，而不是简单地为金钱和地位所激励。未来的管理者必须能够对组织或产品赋予意义，这与其说是一种能力，不如说是一种"情怀"。互联网时代的优秀领导者都是有情怀、有梦想的。

建立组织共享

信息扁平的环境下，组织不可能再有太多秘密。共享你的愿景，共享你的问题，共享是互联网时代企业文化的必备要素。共享是行为，而不是口号。打通你组织里的资源共享，协同是互联网时代的工作方式。共同项目的联网和协作，也将促使这些人拥有出色的表现。

善用精神连接

管理者应对的不仅是环境，更是适应员工。管理方式不是一成不变的，反而应该随着客观环境的变化来调整领导素质和能力。大环境变了，管理者也必须变，而且卓越的管理者还要主动地变、因时而变、先时而变。面对员工，管理者除了物质激励可以激发员工的动力，还有多种精神连接的攻心手段。掌握这些操作方法，将有效提升员工的工作热情和内在动力。

在"互联网+"时代，组织需要发展那些被新领导力所激励的 CEO，他们将在未来的商业世界中取得全新胜利。他们从技能传授、团队建设、授权下属、奉献企业中汲取力量和满足感，因此将更适应未来商业环境中不断增加的压力。

总之，转型伊始在于思维的转型，而不是专指业务的转型。而完成转型如不能配合管理模式的动态调适，也将很难重塑组织和文化，完成美丽蜕变。

第三章　最好的组织最懂"连接思维"

连接思维：连接时代的到来

21 世纪什么最重要？连接，连接管理的时代到了！

21 世纪是全球化的时代，很多事情的依赖程度越来越深，互动关系越来越强。从实践看，我国企业更需要参与全球竞争。因此必须运用全球化的连接思维，来适应全球经济一体化的大势。

经济全球化唤醒了中国社会对新时期商业文化的关注，引起了一股新商业文明的热潮。同时，当前商业文化在理论和实践过程中产生的问题，引起了人们更广泛的思考。也正是在这股热潮中，一种称作"连接型组织"的管理模式诞生了。

1. 连接型组织

连接型组织概念的提出，从根本上看是经济发展、市场竞争的推动，是 21 世纪企业发展对企业文化特定的需要。

这是因为：第一，企业是企业文化第一责任人，而企业文化是为企业发展服务的，体现了企业文化在企业战略、企业经营、企业管理上的统一。第二，企业的"连接"具有特定性，这个特定性是从企业需要出发为企业量身定制的。在内容上体现企业软实力和竞争力特征的统一，在形式上则表现为企业文化特定的个性风采。

　　"上善若水"的道理大家都明白。文化看起来柔情似水，动起来却水滴石穿。这种软实力不仅源于其润物无声的渗透力，还源于源远流长的生命力，更源于澄净坚定的意志力，因而在其柔软的背后有非常强大的一面。文化具有创造生活方式、引领消费市场的功能。当企业发展到一定规模和实力的时候，它就具备了干预市场的连接能力。而且在很多领域，商业文化已经取代了民族文化，占据了文化的强势地位。而商业文化本质上就体现了商业的企图，具有企业文化的战略功能，也体现出企业文化的某些战略意图。

　　如果简单总结一下，21世纪的企业发展环境具有这样的特征。

　　21世纪的企业竞争将具有战略性，当竞争发展到一定阶段的时候，就会出现战略联盟。许多成功企业都已感受到"一花独放不是春"的压力，开始尝试跨越不同产业领域的联合经营，试图形成另一波竞争态势。

　　在商品供过于求的条件下，买方将掌握着市场交易主动权，企业之间将展开激烈竞争，企业从管理型向经营型转变，并进入知本经济时代。

　　哪里有竞争，哪里就表现为对智慧和信息的渴求。经济高速发展，使得文化的智力支持、精神动力和思想保障作用更加突出，智慧与竞争将成为21世纪的显著特征。

　　企业需要统一的大市场，形成统一的价值观念和行为规则。民族化时代的多元化价值观念显然不利于这种统一。在利益同化和文化融合的作用下，这种统一必定随着时间的推移而逐渐形成。

　　在21世纪，商业文化建设将必须具有满足这些需要的能力：企业文化必须支撑企业的战略诉求；企业文化必须满足企业竞争力的需要；企业文化必须体现智慧特色；企业文化将成为企业的软实力、软资本，体现知本经济的价值诉求。

　　其中最为重要的是，企业文化强大的连接功能，能够帮助企业建立命运共同体。

2. 连接思维

对于现代企业来说，连接思维的核心要点有以下几个方面。

（1）云端思维：连接目标与远景

我们过去的思维方式，总是局限于山下思维或山头思维，误认为山头思维就是思维的最高境界。在这个跨界融合的时代，山脚思维没有出路，山头思维也过时了，取而代之的是云端思维，就是站在云端看世界，站在云端思考问题。否则，企业将会遭遇前所未有的挑战。比如电信行业遭遇腾讯公司的微信，比如银行业遭遇阿里巴巴的余额宝。几大电信商、几大银行之所以被跨界打劫，就是因为他们只站在自己的山头上思考问题，不知道其他山头上的敌人要攻击他们。云端思维是一种顶层思维、战略思维，比山头思维站得更高，看得更远，可以让企业避免犯战略性错误。

这是静态的连接思维。用系统这个"大"去看要素这个"小"，用整体的观点看局部，用全球化的观点看企业，看自己的部门业务。站在地球上看太阳东升西落，其实地球只是围绕太阳转而已。这种空间的连接思维是第一步。传统思维是用小看大，惯于抓典型、抓主要矛盾、解剖麻雀，可以说 21 世纪以前的管理思想都是基于分割式思维模式的。

（2）价值思维：连接价值与利润

"互联网+"的连接模式不是利润模式，而是价值模式。拼的不是硬实力，而是软实力。不是靠相对于对手建立的比较竞争优势获得成本和价格差额，而是靠为用户创新价值来获得回报，是用户和其他利益相关者送来的。前者是为利润而利润，后者是为价值而利润。虽然利润都由连接所获，但企业生存有境界之分，所得利润有品位高低之分。利润模式可以高举成本刀，甚至牺牲品质，但连接模式不但可以获得持续发展，而且更能体现企业价值。

这是动态的连接思维。用系统的"长"去看现实的"短"，用价值的实现看利润，用发展的观点看事业，用长远的观点看眼前。企业要承认昨天，干着今天，盯着明天，想着后天，这种时间的动态连接思维是第二步。

（3）纽带思维：连接物质与情感

连接谋的是资源、利益，一个企业决不会平白无故地来 "连"。如果主动与你合作，理由不外乎两个。要么你对他有合作价值，能带来更多的物质利益。要么你很有魅力，能够吸引他自愿和你走到一起。前者是出于功利，更多的是 "利益之合"。后者则是以综合素养和独特气质影响人，主体的精神、品格、能力、形象、价值等无形要素，使众人心情愉悦地沐浴其中，这是促进 "连接" 的情感黏合剂。因此，企业在连接资源的同时，必须有明确的使命定位和独特的价值可以贡献于共同事业中。简单说，除了 "利益之连"，还有 "魅力之连"。

这是生态的连接思维。物质的因素和精神的因素，总是共存于一个系统之中。企业决策要义利平衡，既要物质效益，又要最大可能地减少精神影响，必要时可以舍利取义。生态的连接思维告诉企业在决策时不仅要考虑经济利益因素，而且要考虑社会人文等诸多相关因素，这是连接思维的第三步。

（4）跨界思维：连接竞争与合作

跨界是企业之间最彻底的竞争，更是资源之间的最大化合作。用全新的方式连接两个不同领域，抓住诱人的市场机会，分配有限的稀缺资源，在动态的结构调整中使现有资源配置达到最优化的能力，就是跨界能力。企业的成功不仅因为其拥有丰富的资源，还因为其隐藏在企业背后跨界连接各种资源的能力，这是基于员工的创造力而产生企业整体创造优势的深层次因素。并且它是让企业跳出红海竞争、抢占蓝海市场的个性基因。

这是心态的连接思维。由点看线，由线看面，由面看体系，由变化看不变。连接思维要有积极的心态、阳光的心态、开放的心态，企业要自我超越，突破创新思维的各种障碍。更重要的是企业要团队学习，共建愿景，而不是闭门造车，孤芳自赏。很难想象单独的个人能够形成系统的连接思维。这是连接思维的第四步，也是最为关键的一步。

（5）未来思维：连接现在与未来

企业对资源的连接能力的培育，实际上是一项特殊的未来投资，现在蓄势以图未来爆发，或者上升期储蓄以备危险期支取。这项投资之所以特殊，还因为它并非一定是大家广泛认同的"连着钱"，而主要是"连着心"。而连接的具体行动，就是对于企业资源配置的调整和创新。连接力重在持续积累企业优势，而且是强势积累，不是一蹴而就，也不是一劳永逸。只有不断投入和坚持，最后才有相应的回报。

这是执行的连接思维。站在高处看未来，基于未来看现状。连接思维要把未来化为当下一个又一个行动，把企业愿景的目标折现，变成现在的战略、战术和执行。这个折现率越高，连接力就越强。硬实力只能管一时，而连接力管长远，是企业连接过去、现在和未来的无形纽带。这是连接思维的落地一步。

向"连接型组织"转型，需要观察、分析和评估作为个体的我们，与产业、与企业，乃至与国家之间有什么关联，有怎样的互动关系。所以，连接的方法及行动绝不是简单的拼凑，也不是随意的组合，而是按照"战略精神"对于环境、资源和要素的有机结合，熔为一炉。这也是传统企业和连接型组织的分水岭。

连接测试：你的组织连接成熟度

你是怎样实现组织内外连接的呢？也许你会说：彼此欣赏，精神默契，行动配合。但是这需要一个连接成熟度测评模型来衡量。

组织连接的成熟度主要指一个组织的文化落地水平所达到的程度。程度越高，代表该组织文化经营境界越高；反之则越低。

组织连接成熟度共分为 9 个段位，分别是：模糊连接阶段、导入连接阶段、规范连接阶段、强化连接阶段、推广连接阶段、连接型组织、整体

型组织、网络型组织、长寿型组织。组织成熟度可用于评价企业经营水平
的高低和文化驱动模型在组织中的应用程度。

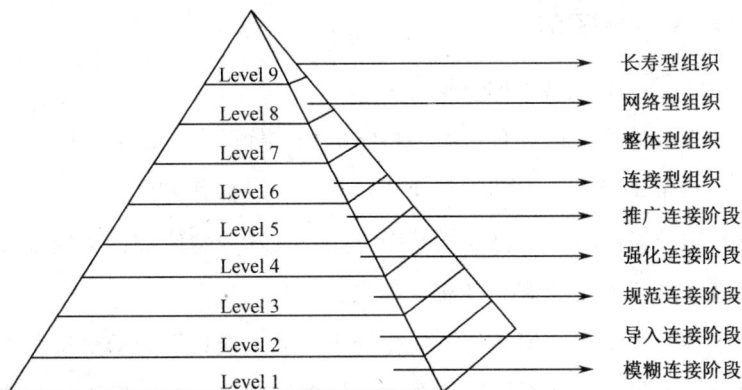

图 3-1　组织连接成熟度测评

不妨来测一下，你的组织连接成熟度处于哪个段位。

1 段：模糊连接阶段

在此阶段，组织具有如下特点。

组织随波逐流，对各类事情处于"事务型散乱处理"状态，遇到问题
采取一事一议一办的"就事论事"方法。对各种问题，组织没有系统思考，
更没有精细的战略洞察和长远规划及部署。组织对内外环境变化和事件基
本处于被动适应或反应状态，组织没有通过"富有远见而系统"的愿景布
局，也没有主动出击赢得"连续制胜优势"。

组织有短期运营目标，但远期战略目标不明确、不系统，难以凝聚
人心。

组织没有明确的文化基调。虽然有的组织有文化，但只是口号式的"假
文化"。

组织日常运营主要靠领导人指令推动，没有形成规范和系统的管理体
系去推动。

组织的成长进步主要靠领导人及骨干人员的个人能力取得。在这些个

人突出能力中，战术操作及临场应变能力较强，且应用较多；而连接型前瞻智慧的应用是零散的、较少的、不成体系的。

2 段：导入连接阶段

在此阶段，组织具有如下特点。

管理不成体系，也没有系统和科学的统一标准及方法。在许多组织的管理中，一个领导一个习惯，一个成员单位一套操作方法。

管理粗放。虽然组织已经在某些方面有具体理念或部分实施方案，但没有系统而严密的文化规划及实施体系。

组织导入了文化，但是许多文化处于"纸上谈兵"的悬空状态，无法有效落实。文化实施体系残缺不全，致使文化建设左打一榔头、右敲一棒槌，顾此失彼，按下葫芦浮起瓢。

虽然大部分组织领导者思想前瞻且很长远，但是许多愿景理念还停留在组织顶层。许多组织只停留在"口号"上，组织从上到下没有对领导人的战略口号进行针对性解析和落实，没有将空洞口号变成系统的行动，没有一个完整的文化落地解决方案制定出来并付诸执行。这导致许多组织提出的经营理念仍旧停留在文件和口号层面，组织处于"喊口号型组织"状态。

在该阶段，组织主要属于"散乱的指令式驱动组织"。组织松散，团队执行力差，文化落地管理的改进空间极大。

3 段：规范连接阶段

在此阶段，组织具有如下特点。

建立了系统的战略落地方法论，战略落地格式及工具实现了规范化，精神理念落地的管理要素基本齐全。

各理念的落地开始尝试运用"标准体系"去规范、规划和实施。其中许多理念实现规范化落地规划，文化建设目标明确，且形成层级式量化目标及测量体系，具有详细的实施举措及计划，有清晰的效果评价。同时许多理念的落地操作实现了制度化。

组织在文化规范化、系统化和精细化方面还需要经历较长的尝试、磨合、适应和完善期。

员工执行力大大增强，但是组织的整体执行力还有较大改进空间。

4 段：强化连接阶段

在此阶段，组织需要进行高效协同及执行强化，形成同一种形象。组织具有如下特点。

组织已经建立了规范、全面和有效的文化落地体系。尽管品牌形象规划及运营实现了规范化，但是各职能模块的内部协同和执行力还需要强化和改进。管理组合还没有形成有机整体，各系统之间协同力差。

许多职能部门还是各自为政，文化职能与其他职能在执行上没有融会贯通，文化没有形成真正而系统的驱动力，组织处于松散型协同及执行阶段。

在该阶段，战略理念的真实承诺以及文化骨架、文化形象已经形成，但文化的精细化管理能力还不足，文化细节还需要在执行中进一步优化。

企业的智慧能力还有待大大提升，需要不断锻造组织在愿景、战略、目标、管理、行为等各层次的具体博弈兵法、谋略和竞争技巧。

在该阶段，组织主要任务是强化核心理念下各个部门及人员的协同力与执行力，强化组织间协同力与执行力，强化组织的精细化规划与实施能力，强化组织的智慧能力。

5 段：推广连接阶段

在此阶段，组织通过内外沟通形成目标聚焦，具有如下特点。

组织通过全面的扫描，把有限的资源聚焦到一个明确清晰的价值定位上，并通过环境、产品、服务、员工形象、销售和广告等关键接触点进行整合推广，让品牌传播生动演绎、直指人心，使客户和员工获得深刻的体验和感知。

组织内外资源开始向核心文化定位聚集，由此改变强弱力量对比，达成一种新的可能。这是文化推广的真谛。一旦对外的品牌成为强势品牌，对内的文化成为强势文化，组织将进入一种良性循环状态。

在推广阶段，文化沟通机制的构筑、实施和创新，不仅能降低管理成本、提高沟通效率，而且可以将文化和品牌内外打通，完整地融合为一体，支撑组织的整体协同效应。

管理此时形成体系，但仍有很大改进空间。组织需从关注表面的文化统一，向关注组织思想行为的一致性和差异性转变，以提升协同绩效。从关注空泛的行为规范，向关注关键行为准则转变；从解决文化理念宣贯，向系统解决深层次问题转变。

6 段：连接型组织

在此阶段，组织具有如下特点。

组织逐步向系统的从上到下层层推动的"连接型驱动"为主转变，这时的组织称为"连接型组织"。"连接型组织"是正金字塔型组织。

尽管组织系统整合的构架还不完善，但是一些管理要素组合清晰，并且文化战略与落地手段等逻辑结构清晰。

战略清晰且有落地的驱动力，但是文化驱动力不可逆，文化的创建和驱动来源点单一。文化一般只能从上到下驱动，而不能自由地从下到上驱动，也不能自由地从组织躯体的其他任何一点发起和驱动。

企业理念、业务目标、经营活动、行为绩效、流程、岗位、人员、数据等从离散状态整合成了以文化为核心的统一体。组织管理围绕核心理念"牵一发而动全身"，纲举目张，系统推进。

在此阶段，组织的整体执行力非常高，组织领导人已经从日常的管理业务中摆脱出来，可将时间和精力放在发展方向考察和论证上。

连接型组织能够保证最高领导的理念和思路得到快速解析和执行，能够产生某种独特而鹤立鸡群的创新能力。因此，连接型组织能造就许许多多成功的大型组织，许多组织因为战略的成功落地而获得了极大发展。

连接型组织要取得持续成功，必须保证最高领导层具有敏锐的环境洞察力，必须保证顶层发展决策不犯大错，否则就容易给组织带来灭顶之灾，而许多大型组织正是毁灭于此。因此，连接型组织要实现更大的跨越式增长和持续领先，必须进行新的组织转型（由"正金字塔型"向"倒金字塔型"转型），而这种转型是痛苦的。

随着竞争的激烈和内外环境的变化，"连接型组织"要克服官僚主义和组织臃肿病，要强化一线客户需求洞察力和反应速度，要减少文化路径上的信息耗损和速度延滞。

连接型组织要从"正金字塔型"向"倒金字塔型"转变，即塑造"前线型组织"。也就是说，连接型组织要向"前线型组织"转变，文化需求要能从组织最前方的基层一线快速撬动，"前线型组织"才能保证组织具有敏捷的洞察力和应变能力，才能激发基层一线终端的创造活力。

7 段：整体型组织

在此阶段，组织具有如下特点。

整体型组织建立了规范、精细和全面的执行整合体系。整体型组织的各个管理单元形成了标准化、精细化、集约化、一体化协同。

要成为整体型组织，连接型组织必须面临重大转型。连接型组织要从"正金字塔型"向"倒金字塔型"转变，从"倒金字塔组织"向上下可逆和处处贯通的"整体型组织"转变，或直接从"正金字塔组织"向"整体型组织"转变。

在"倒金字塔组织"阶段，文化的导入和驱动来自客户和一线员工执行效率的增强，组织最前沿的需求撬动力与战略从上到下的驱动力合一，文化驱动在组织基层前线"发力"达到最大。

在"整体型组织"阶段，文化导入和驱动来源可以是组织内部任何点，也可以来自客户、合作伙伴、竞争对手和社会公众等。组织内外任何一个管理要素都可能是文化驱动要素，也都能成为文化驱动要素。文化的导入和驱动可来自组织自身的方方面面，任何一个员工都是文化型员工，任何一个可细分的责任单元都是文化型单元。

整体型组织实现了可逆性管理：顶层思想可以快速到达组织任何一个层次而成功执行，任何一个管理对象和管理要素都能撬动顶层战略的优化，制度缺陷能够快速消除，不会产生重大管理漏洞。

整体型组织机体是全透明的，组织机体节节贯通，任何责任可追溯，信息在组织内部共享且畅通无阻，组织内外沟通顺畅，发展目标、路径、活动、绩效、组织体系、职责、流程、人员、信息等各个因素有机协同和融合在一起。组织是一体化运作的整体。

整体型组织的文化落地"功力"修炼成周身一体，战略领头，组织机体内外相合、节节贯穿。战略一动，组织机体无有不动且节节贯通涌动。战略一静，组织机体无有不定。组织浑身是劲，充满无穷力量。

整体型组织形如搏兔之鹰，神似捕鼠之猫，静如泰山，动如脱兔。组织战略奇正，战术转换，虚实变化，进退收扩，快慢相间，上下相随，内外相合，刚柔相济，动静缓急，运转随"心"，一片"神"行，组织达到"精、气、神"的合一。

在"整体型组织"阶段，组织领导人已经建立起系统、敏捷、科学而透明的管理体系，组织内部形成自我管理、自我矫正的良性循环系统。组织领导者即使过多放权和授权，组织依然运作良好。并且领导者即使远在天涯之外，依然可通过"管理体系"对各层次信息了如指掌，对各层次运作实现良好监控。组织整体和各单元的自我管理能力极强，组织管理逐步向"无为而治"的境界过渡。

在"整体型组织"阶段，组织是"可遗传和可传承的"。由于"整体型组织"具有完整、科学且互逆的透明运作体系，即使管理干部更换交替，即使组织遇到风险冲击，组织被颠覆的风险仍会非常小，因为组织的自我反省和自我恢复功能很强。

8 段：网络型组织

在此阶段，组织体型轻盈，动作快捷，反应灵敏。组织具有以下特点。

网络型组织的结构将更具开放性和灵活性，其内向配置的核心业务与外向配置的业务紧密相连，形成一个文化网络。组织文化运作和管理也将由"控制导向"转为"利用导向"。

网络型组织以核心理念为主导，培养并突出自己的核心竞争优势，协同和整合全球资源，成为产业链的控制者。

在网络型组织内部，文化落地已经融为一体，以独特的价值理念为指导，统一制度、行为和形象。以严格的行为规范提升团队战斗力和市场影响力。以长效的文化管理模式实现资源的整合利用。组织愿景折现为现在的战略、战术和执行。

在网络型组织外部，文化理念已贯彻和渗透到经营的每个环节和细节中，以鲜明的品牌形象和标准化服务统治市场，或者以个性的企业文化进行并购、扩张。

网络型组织以灵活的模式应对市场变化。因为有文化软实力支撑，只要按照一定的商业模式去整合资源就可以。甚至有无核心硬资源都在其次，关键是把握商业模式因时因地因事而变。保持和强化核心业务，对非关键业务实行外包，让组织能够身姿轻盈地应对市场变化，获得高额利润。

在此阶段，组织必须坚持诚信经营、用户至上的原则，赢得良好的社会公信度；或者积极履行社会责任，对相关利益者认真负责，营造内外和谐的环境。这样社会公众就会时时记住组织的好处，彼此相传组织的责任感和使命感。

9 段：长寿型组织

在此阶段，组织开始踏入长寿型组织的运作轨道。组织具有如下特点。

在整体型组织的基础上，外部环境、组织自身的细胞单元与组织之心达到无处不合一状态，组织内部与外部环境融为一体，进入管理的大圆满境界。

长寿型组织实现了组织体系高度一体化，业务运作精益化，信息支撑IT 化，管理实时化，执行敏捷化，决策科学化，组织经络通畅化，系统改善持续化，执行单元自主、自立及自助化。激励机制实现价值驱动化，组织效益卓越化，竞争不可战胜化，组织生存发展可持续化，组织品牌百年老店化。

组织在此阶段属于"超前预见能力的拓荒者""持续引领时代的挑战者""该领域核心能力的创新领先者""竞争利益最大化的垄断者""该领域精神文明和物质文明的创造与倡导者""社会公益与组织利益相关者的利益实现良性循环者"。

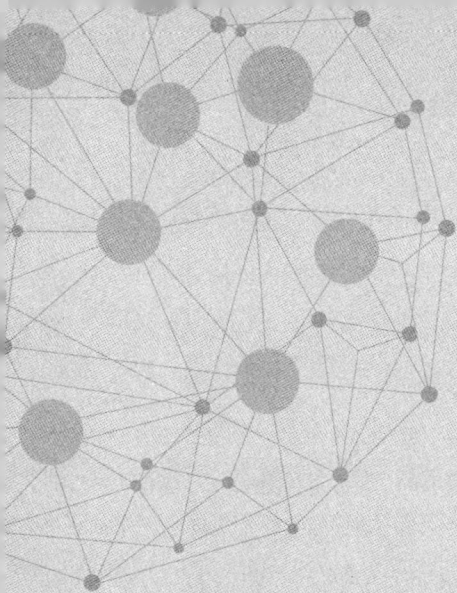

第二部分　基于连接思维的商业模式

"互联网+"、连接、生态、信任、大数据、智力资本都成为生产要素和价值创造要素的一部分。从工业文明走向信息文明，走向连接一切的智慧世界，需要重塑新思维，建构治理与管理的新框架，唯有拥抱变化才能拥有未来。

那么究竟什么是真正的"连接"呢？

连接既是世界观，又是方法论。连接一切的世界观形成了系统思维，连接一切的方法论形成了系统行动。这两者都对保持企业鲜活的生命力极其重要，可使企业各种管理要素在统一的精神驱动之中，充分发挥其"柔情似水""水滴石穿""如鱼得水"的作用。

将"连接"引入企业经营管理，是一种全新思维模式和商业模式。我们就在本部分为大家介绍基于连接的商业模式及成功要素。作为连接型组织，不但要促使员工或者企业最大程度地满足和具备这些要素，而且要协调好它们之间的关系。关系越合理，这个企业就越富有领导力和创造力。

第四章　连接思维的核心理念

连接对于企业而言，就像水对于游鱼，空气对于飞鸟。

一个企业的发展依赖的是企业资源的连接能力，资源的连接能力依赖于企业与社会的沟通能力，而不是依赖于一时的炒作和狂轰滥炸的广告。杰出的人才会不会加盟你的企业，消费者愿不愿意购买你的产品，经销商能不能与你真心合作，银行乐不乐意为你作担保或贷款……最根本的是你的企业有没有一整套与不同关系者沟通的连接策略。针对不同的企业利益相关者，企业与它的沟通点是什么，连接的方式是否具有独特性和针对性，以及由连接方式决定的合作方式是否具有创新性和亲和力？

通过大量的实践，我们认识到鲜明的企业个性，不一定能够得到内外的共同认可。尤其是一味迎合消费者，企业不小心就会落入跟在消费者身后疲于奔命、一味降价的误区。那么我们该如何通过充分高效的沟通使企业得到广泛的认同，达到连接各方利益、实现多赢的结果？

迎接这一挑战的核心方法就是，成为连接型组织。

连接型组织：抓住一切资源

经营一家企业，究竟是经营它的什么呢？

资源观认为，构成企业最基本的元素是资源。企业在本质上是一定资源的集合体，正是一定的资源在时空上按照一定的规则动态地连接在一起，才构成了企业运作的保证和前提。离开了资源及其有序而动态的组合，企业就不可能存在和运作。

既然企业资源在未连接之前大多是单个资源或零碎的资源，也就是未经体系化的资源，那么要想资源利用最大化并产生最佳效益，为企业带来高额利润，就必须运用科学的方法，对各类资源进行集中激活，并加以整合连接再建构，通过使用和调配有价值的、稀缺的、不可替代的资源，使之更具有竞争性与价值性。

所谓"一切为了资源，连接一切资源"，就是资源整合。整合资源的本质是整合人，整合人就是整合价值观。善用企业强大的连接和黏合作用，将企业内外分散的可用资源进行系统组合，是连接型组织的最高境界。

1. 树立"大资源观"

企业的价值是一个整体，由三部分共同创造。第一部分是硬资源，第二部分是软资源，第三部分是连接力。国际上有人做过统计，硬资源创造价值约占 14%，软资源创造价值约占 18%，软实力创造价值约占 68%，这也符合 0.618 的黄金分割原理。

企业中的硬资源，主要包括厂房、设备、技术和资本等。这些都是企业的有形资产，是创造价值的平台，起基础性作用。重视硬资产无疑是必要的，因为产品生产必须依靠这些硬资产。但是硬资产都是同质资产，每个企业都有。随着市场竞争加剧，硬资产发挥的作用越来越小，所创造的价值也越来越小，这是不可抗拒的趋势。

企业中的软资源，主要包括品牌、专利、管理经验和企业文化等。这些都是企业的无形资产，是创造价值的能力，起主导性作用。每个企业都要保持清醒的头脑，经常扪心自问，企业最有价值的东西是什么？如果你的核心家当中缺乏软资产，就要警觉这是企业最大的危机。因为随着竞争的升级，软资产作为企业的异质资产，创造价值的作用越来越大，这种态势将锐不可当。

因此企业需要树立一种大资源观。不仅要重视物质资源，也要重视人力资源；不仅要重视劳力资源，也要重视智力资源；不仅要重视国内资源，也要重视国外资源；不仅要重视空间资源，也要重视时间资源；不仅要重视现实资源，也要重视潜在资源。

光重视还不够，最重要的是，企业如何对这些资源进行系统化的连接，并使现有和潜在的资源相互配合与协调，使之达到整体最优。连接型组织就是对特定资源具有强大连接能力的企业，那些著名企业成功的一个重要原因就是善用其最具价值的核心理念去连接内外一切资源。

2. 强大的连接能力

连接力来源于"核心理念+商业模式"。核心理念是企业最具价值的理念，深藏于企业中，乃至大隐无形。从表面看，核心理念不会给企业直接带来几百万元的效益。但是从长远发展来看，它能给企业带来无形的效益远远大于经济效益，不是以百万、千万来衡量的。

企业有点像漂浮在大海里的冰山。露在外面的部分，占 3/4，大体相当于管理组织、制度、技术、手段和方法等有形管理。隐藏的部分，占 1/4，大体相当于组织成员的价值观念、人际关系、文化传统、风俗习惯等无形管理。一般人比较看重露在外面 3/4 的有形文化部分，却忽视了隐藏在下面、起决定作用的核心理念。核心理念是起到核心作用的关键少数，也是决定连接能力的关键因素。

看得见的 ↑ 有形管理

行为举止

其他表象

管理组织、制度、手段和方法

企业厂房设备、技术和资金

看不见的 组织价值观和信仰 无形管理 ↓

图 4-1 企业冰山图

　　企业理念每个企业都有，但企业连接力并不是每个企业都有。从企业理念到企业连接力，是一个发挥"连接"作用的过程。就是说，企业核心理念到底能不能给企业带来实效，衡量的标准就是企业对资源整合的效果。核心理念能否形成文化力，最终化为整合资源的连接能力，关键看企业奉行的是什么样的理念。

　　我们需要保护核心理念，最重要的是要善用核心理念的连接作用，将企业内外分散的可用资源进行全面连接和系统组合。通过或纵向、或横向、或一体化、或多元化、或积聚、或分拆的战略运作方式，集中全部力量朝着企业的战略目标冲刺。这种以核心理念主导资源扩张、快速实现企业目标的力量，就是每一位连接型组织必须掌握的"连接力"。

　　如果企业在内部创造了一种充满活力、充满文化品位的氛围，就说明你的连接搞得很好。如果你又去兼并、收购其他企业，能把自己的企业理念输出出去，并且能够奏效，更说明你的品牌文化是非常成功的。

　　接下来就是如何做的问题，即连接型组织如何进行理念输出，进而实现对连接资源的支配？

在连接型组织的观念里，不仅客户重要，企业员工和合作机构同样重要；不仅产品品牌重要，服务品牌和员工品牌同样重要；不仅广告创意重要，产品质量和客户口碑同样重要；不仅理念重要，企业和员工的做事方式和外在形象同样重要；不仅市场推广活动重要，与相关利益者的价值沟通点和互动体验的效果同样重要。企业里涉及体验的所有资源和要素都很重要，每一位员工就是体验，每一个产品就是体验，每一项服务就是体验，每一件事情就是体验。所谓"Feeling is everything"。

但是如何把众多的资源和要素化繁为简，达成一体化的连接？这就要站在企业战略的高度，站在主流利益相关群体的切身利益和情感立场的角度，通过全方位的、高度聚焦的沟通整合，聚焦到一个清晰明确的核心价值定位上。围绕"核心价值"这个内核，在深入研究相关利益群体媒体接触习惯后，通过环境、产品、服务、员工形象、销售和广告等关键品牌接触点进行高度契合的演绎传播，就可以使企业沟通触动情感，连接人心。

企业组织的全部工作，就是将有限的资源聚集到一个清晰明确的核心价值定位上，进行系统化沟通传播。这就是连接型组织的整合功能。

连接型组织，将会摒弃企业界普遍存在的定位与沟通严重脱离的现象，从而让企业在管理和经营的道路上有据可参、有理可信、有法可依、有章可循、有形可效、有节可为。

如果没有"连接"，我们的品牌就会内部众说不一、外部认知不一，导致无法让我们的员工知道什么是企业最看重的，什么是企业的高压线；无法让我们的管理者知道什么是管理的核心；无法给目标受众以明确清晰的品牌认知；无法在客户心目中留下深深的烙印；无法赢得客户的持久尊重和信任。

如果有了"连接"，企业员工的内部品牌价值认知、行为表现，与外部的利益相关者对企业的品牌综合体验是吻合一致的，这样才会强化企业的品牌个性。

美国学者奈斯比特指出，未来竞争的焦点，在于每个社会组织内部成员之间及其外部组织的有效连接上。连接的重要性不言自明。

实际上，无论是品牌还是文化，要解决的一个核心问题就是"连接"，连接的核心就是"价值点"的选择。企业要做的全部工作就是将自己的每一分钱、每一点努力聚焦到一个明确清晰的价值定位上，谨慎承诺，真实兑现。品牌沟通连接的是消费者，文化沟通连接的是员工，沟通的目的就是为了对外引领和对内感召。

连接型组织的整体战略可分解为外部品牌建设和内部文化建设两个方面。品牌建设的目标是通过改善与用户的连接、与合作伙伴的连接而改善对品牌的体验，从而赢得外部利益相关者的心。而企业文化建设的目标是通过改善与员工的连接而改善员工对企业的体验，从而赢得员工的心。造物先造人，造人先造心。赢得人心，方能赢在未来。

连接型组织的基石是战略、文化和品牌三位一体整合模型。图 4-2 更进一步表达了企业战略、企业品牌、企业文化和产品品牌之间的关系。

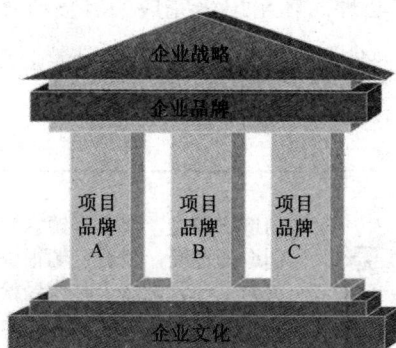

图 4-2　品牌、文化、战略一脉相承

企业文化是基石，优秀的文化孕育出一个优秀的产品品牌，每个产品品牌共同托起企业品牌。强势的企业品牌最终推进企业战略的实施，在这张图中我们看到了产品品牌的重要性。不是每一个产品都能成为品牌，但每一个品牌都一定是优秀的产品。企业要靠品牌驱动，品牌要靠产品说话，产品要靠文化支撑。品牌彰显文化，文化孕育品牌，战略、品牌和文化一脉相承，相互支撑，相互强化。

连接型组织，可以将内外资源打通，完整地融合为一体，支撑企业的整体协同作用。

连接战略：以更少得更多

总体上讲，连接型组织的战略分为横向连接（水平整合）、纵向连接（垂直整合）和平台连接（多元整合）。企业通过行业间的横向连接，可扩大企业生产规模，改变业内竞争格局和行业内的位次，并可形成价格、采购以及行业经营规则的控制，拥有行业话语权。通过纵向连接，可减少供应方数量，并向供应方提出更高的产品质量和服务水平要求，避免因供货短缺受制于人的被动局面。通过多元连接，可形成先进的企业文化、管理制度和经营团队，为企业实现更大的连接力提供有力保障。

这种连接是由核心理念输出出来完成的。核心理念将会像黏合剂一样，注入彼此孤立的内外资源的缝隙之间，使其整合连接成如同混凝土一样牢不可破的核心生存力。

> 创造资源难，整合资源容易；
> 创造资源慢，整合资源很快；
> 资源整合就是这个时代轻松快速
> 达成目标的一个工具、一条捷径

1. 以更少实现更多

一般来说，企业有什么样的连接力，就有什么样的资源整合模式。按资源连接模式，结合国内外企业成功运作的范例，连接型 CEO 的经营战略应有以下战略安排。

（1）分解：强调做精做强，而非做大做全

企业应重新审视自己的价值链过程，从功能与成本的比较中，研究在哪些环节上自己具有比较优势，或有可能建立起竞争优势，集中力量培育并发展这种优势。从维护企业品牌角度研究哪些是核心环节，保留并增强这些环节上的能力，把不具有优势的或非核心的一些环节分离出去，利用市场寻求合作伙伴，共同完成整个价值链的全过程。

这就要求企业以使命导航，"有所不为而后有所为"。不要盲目多元化，把一些非主导业务剥离出去。本企业则集中内部资源，强化主要业务的竞争优势。即首先要形成一定的核心竞争能力，这是企业成功实施整合战略的前提。如西门子为做好白色家电，忍痛卖掉彩电生产线；百事可乐为集中精力打败老对手可口可乐，不得不放弃饭店和快餐业。可见，由"广而泛"向"专向精"的战略转移已是大势所趋。

（2）整合：设计新的价值链，广泛连接社会资源

从价值链的角度看，市场上存在许许多多相对独立的、且具有一定比较优势的增值环节。对企业家来说，这些都是可利用的社会资源。然而要让这些分散的环节创造出新的价值，必须设计一个价值链，把它们有机地连接起来。这就要求 CEO 掌握丰富的信息，具有创新的观念和敏锐的眼光，并具备软实力经营的智慧。

我们有一个感觉，就是传统 CEO 跟连接型 CEO 的分水岭在于识别价值链上。没有一家企业会在所有业务环节都具有竞争优势，所以为保持和强化核心业务，使企业更具竞争力，企业可只保留最关键的核心业务环节。其他在本企业资源有限约束下无法做到最好的环节，可将之"虚拟化"，使企业能在最短时间内对市场做出的反应更为敏捷有效。

（3）中间产业：值得关注的关键环节

中间产业，指在整个价值链中技术含量较高，增值量较大的环节。如同足球运动中的中场队员，起着承前启后的作用，是全场的核心。中间产业是价值链的核心环节，其优势在于它与特定产品之间并无明确的对应关

系，可参与多个价值链的形成，因此具有相对稳定的市场，更适应国际分工格局。例如，家电行业在激烈的竞争中一度落后，整机几乎全无优势。实际上在整个价值链的形成过程中，许多环节由于劳动力成本和房地产成本的上升，上海已无比较优势可言。因此放弃一些环节，把注意力转向中场，如大屏幕彩色显像管、压缩机、集成电路等，不仅获得了稳定的市场和较高的市场占有率，还带来了很好的经济效益。

（4）增强服务：从单纯的制造向与服务相结合的发展方向转型

优秀的企业不仅能输出高质量的产品，还能输出高质量的服务。即使是在单纯的制造业里，也必然存在许多服务功能，包括生产服务和顾客服务的功能。从价值链的角度看，这些服务是本企业所设计的价值链中的一环，它们很可能受企业自身规模的限制，不能充分发挥其效用。但它们被分解出来后，必然有许多环节也可以加入其他的价值键，为企业带来额外效益。

价值链分解或聚合就有了加以利用的可能性。于是企业的技术、管理模式、营销手段、商业品牌、运输仓储、维修网络等，都可以包装成服务产品输出。让它们参与更多的价值链过程，从而为企业创造更多的效益，使企业成为制造和服务融合发展的新型企业。

在互联网时代．企业更应利用网络技术来提供优质服务。

2. 连接的成功实践模式

连接力要求企业按照其核心理念把相关资源要素系统连接起来，也就是将不同要素按照最佳结构紧紧捏在一起，形成核心能力，直接参与市场竞争，最终达到提升核心竞争力的目的。

在全球分工模式变化的情况下，放大企业在全球产业链、价值链、供应链上的优势，已成为企业资源连接的趋势。一般来说，企业有什么样的连接力就有什么样的资源整合模式。结合国内外企业成功运作的范例，我们找出连接力的成功实践模式如下。

一是资源整合型。企业因地制宜，一切从市场上找资源，这种机动灵活的赢利模式体现了企业的连接力。SOHO 中国就是一个典型的例子。潘石屹认为，他理想中的公司是"无债务、无土地储备、无固定资产"的三无公司。他希望自己的公司像液体或者气体，随着市场的变化而变化。他认为房地产公司最适合做"气态"公司，找世界上最好的设计师、最廉价踏实的建设者、最适合的原材料，加工成最适合某一人群的房子。再找最好的推广公司，赚取最大的利润。

二是系统集成型。企业以核心技术能力为主导，协同和整合全球资源进而形成连接力。以波音公司为例，这家全球航空制造业巨擘，在新一代787 飞机的设计和制造上，与其全球伙伴达成了史无前例的协同，是波音史上完工最快、造价最低的一次。波音公司从单纯的飞机生产商变成高端的系统集成商，不仅在于提升生产效率，削减制造成本，还在于将新一代机型的设计和开发成本分摊至其遍布全球的合作伙伴身上。并建立了全球性的合作体系，由此也推动了波音飞机在全球的销售。

三是核心业务型。企业通过合理的业务定位，去枝强干，凸显行业规模优势而形成连接力。1992 年前万科走的是一条小而全的多元化经营路线，资源分散，不但企业持续发展能力受到限制，抗风险能力也明显不足。1992 年万科确立房地产为主导行业，开始进行由多元化转为房地产开发为主导业务的专一化战略调整。1994 年万科进一步在产品上改变公寓、别墅、写字楼什么都干的做法，专一到只做房地产市场的主流产品——中档住宅。经过调整，万科成为一家专做房地产的企业，并被誉为"中国房地产的领跑者"。

四是品牌控制型。企业将品牌经营理念贯彻和渗透到工作的每个环节和细节中，以鲜明的品牌形象和标准化服务统治市场而形成连接力。麦当劳的创始人克罗克为了使企业理念"QSCV"（质量、服务、清洁、价值）能够在连锁店餐厅中得到贯彻执行，并保持企业稳定，每项工作都做到标准化、规范化。这不仅巩固了每个门市的地盘，而且在市场上实现了长久独霸。

五是先进标准型。企业以领先同行的理念整合内部资源而形成连接力。20 世纪 80 年代初，GE 公司由数量型增长转变为质量型增长的方针，推行全球化、服务和 6δ 质量标准。它要求旗下的所有企业都要成为同行中的第一或第二，要有远高于一般水准的投资回报率，要有明显的竞争优势。所有达不到标准的企业将被整顿、关闭或出售，以此改变整个企业文化及员工的思考模式。

六是解决方案型。企业以一种全包的方式，为用户量身定做，成为全面解决方案提供者。这种经营服务模式，靠企业强大的连接力支撑，竞争对手一般很难涉足，也难以模仿和复制。IBM 整合硬件、软件、业务咨询及 IT 服务，提供完整全面的专业解决方案，满足不同行业的业务需求，以协助连接企业的价值链。GE 成立了企业解决方案集团，将强大的智能技术和多行业的专业经验和专长结合起来，提供成效卓著的综合解决方案，致力于为用户提高效益。

有人总结企业未来生存三条路：整合别人，做强做大；被人整合，退休养老；淘汰倒闭，遗憾终生。在经济全球化的今天，谁拥有资源连接优势，谁就能掌控市场竞争的主动权。值得特别说明的是，连接型组织最高层次的整合是从未来到现在，就是用未来的眼光指导现在的经营管理，为企业未来生存做准备。

第五章　跨界连接：重新定义企业

企业之间的竞争是品牌的竞争，品牌之间的竞争是商业模式的竞争，商业模式才是企业核心的竞争力和 DNA。

同样是卖机票和卖火车票，中国国际航空、南方航空、深圳航空，就卖不过携程网。同样是卖服装，很多企业倒闭了，但是韩都衣舍在光棍节一天就卖出几千万。同样卖家电，海尔、海信、格兰仕、松下，就卖不过国美、苏宁。而淘宝、京东商城每年超过万亿的销量，逼得苏宁、国美这些传统零售巨头不得不转型。

这些案例说明，凡是成功的企业都有一套成功的模式，这些模式使企业避开价格战的陷阱和泥潭，找到一个动力十足、快速发展、成功复制的方法，这个方法就是商业模式。

什么是商业模式？就是找到客户潜在的最大需求，把能使企业运行的内外各要素连接起来，形成一个完整的具有核心竞争力的运行系统。这个模式有什么特点？它是几个元素的整合和连接，是一套系统的东西，不是一招一式。这个系统能自动检索、自我修复、自动升级，是一个闭合的圆形操作系统。

打造成功的商业模式，使其不可复制，这一重任首先就落在连接型CEO 的肩上。

跨界型 CEO 的思维与格局

过往的数年，跨界的商业模式尤其众多。什么叫跨界？我们理解的是，我拥有你的业务所需要的资源能力，只是没有被识别。在新的技术环境下，通过搭建交易结构，这些资源能力的价值可以有效利用起来。例如，大连万达等产业公司从事金融服务。

格局决定终局，不能只看到占现在这块小蛋糕 90% 的是什么，而看不到未来的大蛋糕。那么，连接型 CEO 应该拥有怎样的跨界思维？即跳出本位，以更宽广的视角看企业问题，把超出本领域之外的有用信息很好地联系起来，形成新的观点。

一个拥有跨界思维能力的 CEO，必定拥有强大且多样性的技能和知识储备，因为这是他跨领域思考的重要资本。这是他的"百宝箱"，只有当他不断充实库里的储量，才能够在恰当的时候，寻找到需要的部分。那些对一些专业技术的掌握仅限于和自己的工作内容相关，而知识范围也主要局限在这样一个单一领域的人将拥有危机感。

一个拥有跨界思维的 CEO，他特爱管"闲"事儿。首先这里对"闲"的定义是，与他的工作内容或者岗位要求无关。而他对自己的职业要求和期望则是，不仅能处理自己部门的分内事，同时也能解决"目前与自己无关"的事情。其次就是这个人对事物是非、重要性、必要性等的价值取向。对于一个拥有跨界思考能力的人而言，解决非自我领域的事具有极高的重要性和必要性，这些事的价值和意义也非同一般。

跨界思维的 CEO，还体现在"蠢蠢欲动"的内心。一个善于跨领域思考的人，拥有开放的观察心态，喜欢尝试不同领域，善于寻找相关事物的规律和关系。更重要的是，他拥有强烈的突破固有思维的动力。例如打破固有的垂直思考模式，学会提取概念，寻找假设条件，随机联想等。这些方法和技巧都能够帮助那些认为自己"不是一个点子很多"的 CEO，一步步打开跨界思考的大门。

【案例】名人水果连连看

现在有三个果子被人传颂：褚橙、柳桃、潘苹果。"名人"+"水果"的"连连看"模式近年十分流行，背后的故事各不相同。

2002 年获准保外就医，在经历了人生浮沉后，76 岁的褚时健回到哀牢山开始了第二次创业。"褚橙"不仅是商业成功，也成为一个精神符号，有了"励志橙"的别称。

"柳桃"重商业探索，是真正的投资。联想控股想像做 IT 那样经营农业，全程可追溯、全产业链运营、全球化布局，柳传志第一次以自己的名字为产品背书，冠名了"金艳果"猕猴桃。

"潘苹果"也许还是一个公益项目，不是一门生意，还谈不上产业化和商业模式。

不过，无论是褚橙、柳桃，还是潘苹果，这些大佬们都采取了同样的跨界模式。在"企业家"的盛名下，他们勇敢地把自己的名字与水果联系起来，都在短时间内成为热门话题。这一现象在其他领域并不常见，正如我们从没见过"潘 SOHO"或者"柳 PAD"。但在农业界，这一招却似乎百试百灵。

打动公众的，不只是那些富有人情味的营销手段。在农产品、食品安全堪忧的今天，一个企业家在一个水果上打上自己的名字有些冒险，但也是承诺。你愿意赌上自己的名誉并为此努力，消费者才愿意付出更多关注与信心。

对待看似跨界离奇的新事物，企业 CEO 始终要保持一种开放的心态。

正如阿尔文·托夫勒所说："多数人在想到未来时，总觉得他们所熟知的世界将永远延续下去。他们难以想象自己去过一种真正不同的生活，更别说接受另一个崭新的文明……我们是旧文明的最后一代、新文明的第一代。"未来已经发生。

重新定义：企业和产品

这是一个跨界的时代，每一个行业都在整合，都在交叉，都在相互连接。如果你原来一直获利的产品或行业，在另外一个人手里突然变成免费的增值服务，你又如何竞争和生存？

世界上曾经有一家世界 500 强企业柯达公司。在 1991 年的时候，它的技术领先世界同行 10 年，但是 2012 年破产了，被做数码的挤掉了。当索尼还沉浸在数码领先的喜悦中时，突然发现原来全世界照相机卖得最好的不是它，而是做手机的诺基亚，因为每部智能手机都是一部照相机。近几年索尼业绩大幅亏损，濒临倒闭。后来做电脑的苹果出来了，把手机世界老大的诺基亚给干掉了。而且似乎根本没有还手之力，2013 年 9 月，诺基亚被微软收购了。

这样的案例越来越多。360 公司直接把杀毒变成免费的，淘汰了金山毒霸。马云余额宝的出世，18 天狂收 57 个亿资金存款，开始强夺银行业的饭碗。腾讯微信的出台，8 个亿的用户还在增加，直接打劫了中国移动、中国电信和中国联通的饭碗。

实体经济融入互联网+已经是正在发生的未来。所谓危机，危后必有机。这个机，就是大乱之后商业模式的重新定义，就是企业重塑自己的价值定位。而要抓住这样的新机会，必须从用户价值和产品价值的定义开始。

1. 重新定义用户价值

用户是互联网时代企业的立业之本。互联网的开放性和与用户的直接接触，决定了最终的决定权全部在用户手上。在用户的选择面前，一切商业法则、战略、模式或者壁垒都会变得次要。所以，互联网市场的竞争和博弈，到最后就是看谁可以让用户用得更舒心、更便利，看谁可以为他们创造更多价值。

重新定义用户价值，才能发挥互联网经济各要素在企业经营中的作用。下面我们就以互联网+企业为例，看看他们在融入互联网时是如何重新定义用户价值的。

首先，彻底解决用户的问题。

重新定义企业能带给客户的机会或者价值是什么，给出企业自身能做、如何做、如何与其他解决方案协作的范围。要消除用户的疑虑或者试图寻找其他额外的信息念头。

苏宁面向商户和用户群全面开放了店面云、金融云、IT 云、物流云、广告云、运营云、知识云等七大增值服务。伴随着"苏宁云台"的发布，苏宁围绕云渠道终端、云开放资源和云服务产品等构成的"苏宁云图"几乎覆盖了商户日常经营所必需的环节和流程。用户需要的是什么？购买产品前用户需要的是场景体验，购买产品时用户需要的是支付方便和送货及时，购买产品后用户需要的是售后跟踪服务和人性关怀，苏宁在"云图"中提供全时服务。

苏宁要把为用户提供的解决方案始终放在用户群的口袋里。这样全方位为用户创造价值的平台，用户很难被其他商家吸引走。用户一旦首次在苏宁云台上购物，选择其他渠道去满足后续需求的念头自然而然就会打消。

第二，及时准确地提供用户需要的东西。

你的产品、服务、解决方案应该能根据用户的需要灵活打包，而不是按照你希望的模式进行销售。让用户能根据他们当前的需要实现简单快速的购买，会使他们后续购买更多。

为了能让顾客很快买到他想要的东西，苏宁设计了完美的购物流程。如何让用户简单快速地购买呢？苏宁推出互联化的技术平台。首先是在一级城市的超级店里全面实现 WIFI 覆盖。其次在 O2O 技术方式上，苏宁店面实现移动互联，即用户群除了可在店面的 POS 机上支付，还可在回家的路上进行移动支付，也支持回家后在 PC 端上支付。

第三，当用户需要的时候提供价值。并不是所有潜在的客户都准备好同时购买或者立即购买。这里关键的问题在于需要根据不同阶段的用户需求来调整市场活动，以帮助最后购买意向的达成。

御家汇是一家以自主品牌为核心、以互联网电子商务技术应用为手段的互联网企业。御家汇主打品牌御泥坊号称"互联网第一面膜品牌"，受到小米创始人雷军的青睐。真正让雷军动心的是御家汇重新定义了用户价值，他们并不是直接向消费者兜售护肤品的效果，而是用"肌肤检测会"的手段接近顾客。也就是说，御家汇实现了当用户需要的时候提供价值。御家汇不再是单纯的面膜销售商了，"互联网+护肤"将在御家汇产生新的化学反应。

第四，解决问题时减少用户决策的次数。用户购买东西是为了能解决问题或者寻找机会。提供太多的可选方案只会让客户在做购买决策时将问题变得更复杂。

作为一名置办房产的人来说，是不是会面临一系列的问题要做决策？房产中介方兴地产正在为置业人士解决这个问题。用互联网+的方法简单来说就是：方兴地产拿出一部分项目放在淘宝网上进行销售，客户选中户型后将首付款打入"余额宝"中可获取一定折扣，直到交房日期或约定期限时将首付款转入方兴地产名下即可。在此期间该笔资金在余额宝中产生的收益归客户所有。接下来，置业者想换楼盘、调户型、搞装修等问题都可以在网络平台上"随心所欲"地操作。这种在解决问题时减少用户决策次数的模式很快就吸引了大量访客。

重新定义用户价值的做法并不一定要求企业全面开花。任何一种方式只要做到极致，就会带来"尖叫"。互联网+时代，传统企业转型只要制造一种让用户"尖叫"的产品或者服务，就可以找到融入或跨界互联网的入口了。

2. 重新定义价值链条

重新定义企业的价值链和供应链，也可以在红海中发现一片新的天地，甚至革命性的变革。由于技术变革、需求升级和竞争加剧，企业特别需要关注价值链的定义，否则会被你的上下游、同行、跨界者、金融投资家的重新定义所覆盖而威胁。但是有洞见的创新者，通过重新定义的思维发现巨大商机，怎么做呢？

【案例】一袋衣服撬动一个生态

e 袋洗是第一个以洗衣为切入点进入整个家政领域的平台。e 袋洗的顾客主要是 80 后，洗衣按袋计费。 e 袋洗致力于将幸福感作为商业模式的核心和主导，推出了新品小 e 管家，通过邻里互助去解决用户需求，满足居民幸福感。小 e 管家计划以单品带动平台，从垂直生活服务平台转向社区生活共享服务平台，以保证 C2C 两端供给充足。

e 袋洗在搭建成熟的共享经济平台后，不断延伸出更多的家庭服务生态链，打造一种邻里互动服务的共享经济生态圈。集合社会上已有的线下资源，通过移动互联网实现标准化、品质化转变，帮助人们在生活中获得便利、个性的服务。

所以，互联网+时代的竞争，不再是产品的竞争，而是消费者连接模式的竞争，是终端消费者的竞争。谁能够持有资源，持有消费者用户，不管他消费什么产品、消费什么服务，你都能够跨界连接的时候，才能立于不败之地。互联网时代赢家通吃，打劫的不是一家两家公司，而是整个行业。只要冒出一个真正强悍的跨界连接人才，他瞄上一个行业，结果整个行业都被他颠覆了。

未来酒吧还是酒吧么？咖啡厅还喝咖啡么？酒店就是用来睡觉的么？餐厅就是用来吃饭的么？美容业就靠折腾那张脸么？肯德基可不可以变成青少年学习交流中心？银行等待的区域可不可以变成新华书店？飞机机舱可不可以变成国际化的社交平台？接下来的故事是数据重构商业，流量改写未来，一切都在经历一个推倒重来的过程。

微观洞察：发现用户痛点和商机

微观洞察就是洞察用户的消费过程、供应商、经销商等利益相关者的经营过程，从中发现痛点，发掘商机。

1. 直击用户痛点

我们跟踪过一家名为"品胜"的公司。品胜有个特点，特别善于打败行业第一名，而第一名还不明就里。比如，在镍氢电池领域，业内有一个亚洲第一、全球第三的品牌，技术水平高，同行普遍不如它。品胜怎么打败它的呢？

起初，同行的技术能力有限，行业潜规则是作假、虚标。实际容量 2000 毫安的，标成 2200 毫安；2200 毫安的，标成 2300 毫安。品胜反其道而行，采用反向虚标策略，把高容量标成低容量。2300 毫安的标成 2200 毫安，2200 毫安的标成 2000 毫安。在价格策略上，标注同样容量的电池，它定价上略低于行业龙头。这看似一个小花招，但是用户慢慢感知了品胜的性价比，并形成口碑。慢慢地，在数码相机电池和摄像机电池领域变成中国销量第一。

它现在又进军插座，准备挑战领先的在位者。插座的用材非常重要。他们发现在位者的用材存在短板，因此制造选材完全采用标准用铜。但是一般消费者根本不会去拆解插座，怎么办？他们设计了一场活动，组织年轻人比赛拆解插座，在微信朋友圈等渠道进行对比，其用材的优势一目了然。

品胜的经验说明，关注对手，主要是关注其对待用户、经销商等利益相关者在产品服务细节上的破绽。最终解决用户、供应商、经销商等利益相关者的痛点，即细微到商业的"原子"层面。

商学院一直热衷讨论战略，代表性的是迈克尔·波特的"五力模型"。但是运用在商业实践中，理论模型显得比较粗糙。以"五力模型"为例，强调供应商和购买者的议价，这种业务交易关系只能零和博弈。五力提示要重视竞争对手，但应该分析竞争对手什么？要提防潜在的新进入者的威胁，但如何识别潜在的对手？

我们认为，中小企业应该少谈竞争战略，多谈客户价值。近年来参加了一些公司的战略汇报会，他们找知名咨询公司帮助设计战略，方案有 600 页的 PPT。听完的感觉是：观念陈旧、方法落后、分析粗糙、结论宽泛。

2. 发现商机

真正的商机，依靠外部战略顾问不太可能被发现，一定是要企业家自己深入到客户和产品的一线中去。品胜的创始人就非常喜欢研究客户和产品，善于洞察微观细节。

其实企业家与科学家的作用异曲同工。科学研究首重发现，比如化学发现新元素，物理学发现新粒子。商业上第一位也是商机洞察，通过微观洞察找到市场新的需求，就是发现"蓝海"。或者在同质化竞争严重的"红海"中找到突围的办法，一样也能成就"蓝海"。

我们所接触的企业家，真正懂得连接思维的，往往只在微观层面讨论问题，熟悉生意的来龙去脉，很少谈宏观大势。

找准传统汽车行业痛点，运用互联网思维解决这个痛点，并推动汽车产业整体升级，就是滴滴要做的事，也是滴滴诞生、生存和快速发展的立命之本。

滴滴找到汽车试驾业务的痛点，并取得阶段性收获。2016 年 1 月，上线两个半月的滴滴试驾业务首次公布了成绩单：覆盖 19 个汽车品牌 93 种车型，累积订单达到 140 万。按照滴滴的规划，除了创新地整合共享资源，提供试驾服务外，未来还将依托大数据，开展一系列基于汽车厂商、经销商的服务。

滴滴出行 CEO 程维说："我们不断通过互联网解决传统问题。正是因为互联网，正是因为创新与传统行业用户痛点相结合，才有了滴滴。"

认识到这个互联网时代我们客户有什么重大变化，必须从客户的角度看待变化。以后还会有各种新的商业模式，但我一直相信的是，全心全意为人民服务，然后人民币就一定会来。

跨界交易：商业模式融合与分化

通过微观洞察和重新定义，发现商机后，下一步就是利用人性的自利特点，设计好跨界交易结构，这是商业模式设计的核心。

我们将商业模式定义为"利益相关者的交易结构"。它包括交易主体（谁参与交易）、交易内容（交易什么）、交易方式（怎么交易）以及交易收益来源及分配（收支）。

企业经营不仅仅依靠自身培育的资源能力，更要聚合利用其他机构或个人的资源能力。聚合的方法可以是并购，效率更高的方法是通过交易获得。企业能够撬动起多少资源能力，成为企业能否获得持久竞争优势的关键。可口可乐早期就是通过永久性区域装瓶和销售特许权，来借助他人的资金和管理能力，获得快速增长。

商业的本质是交易，交易结构是商业模式的核心。交易模式设计的基本原理就是识别和发掘自身资源能力与潜在交易主体（掌握了资源能力）之间的交易价值，构建交易方式，实现有效连接，设计强激励的交易价值分配模式，建立市场优势地位。以最短时间、最快速度、最少资源能力投入、最大化自身资源能力杠杆、最小化交易成本和交易风险，在保证交易主体有动力的收益条件下，最大化自身投资价值。

1. 商业模式的"融合式"

"消费者+股东"模式

这一模式适用于所有连锁企业、奢侈品行业。

MINT 创始人帕顿，是全世界第一个使用股权式富豪俱乐部的人。他们的商业模式就是富豪们在消费的同时，也在赚钱。消费越多，赚的钱就越多。2007 年他们的股东分红，大概分了 15%，总共是 75 万美元。对股东们来说，这是一门非常好的商业模式。对会员来说，这是一个非常好的环境。因为一流的人都希望到一流的场所，与一流的人共事。

2003 年，帕顿在伦敦开了他的第一家 M1NT 股权式的俱乐部，这是全世界第一家。加入的门槛大概是 1 万英镑左右，一般都是社会上的名流。他们用 6 个月的时间召集到 250 位股东，总共集资 50 万英镑。他们规定股东会员和普通会员的比例不能够超过 1 比 4，股东会员可以享受年终分红，而普通会员不能享受年终分红，还要缴纳每年的会费。

股东在第二年的时候就可以分红，一般是 7%到 11%左右。他们股价一直能够上涨，就是有一大串非常值钱的亿万富豪的名单在里面。这是他们能够继续生存下去的最主要原因，也是他们与众不同的地方。

这就是他所创立的股权制的会员俱乐部，会员既是股东又是消费者。很多模式都可以通过这种形式创造出来，很多连锁企业或一些奢侈品企业，也都可以通过这个模式创造出来。

"用户+推销员"模式

作为当今世界最完美的商业模式，便是将直销、电商、社会化媒体三种高效理念进行创造性的糅合，让终端用户也成为企业的推销员。通过社交互动、自生内容等手段帮企业销售产品。

这是一种社交型激励措施，客户帮企业分享商品链接、会员注册链接、二维码等到微信朋友圈、QQ、微博、博客、论坛等渠道；企业按客户的推广效果给付佣金。这样不仅大大增加了企业品牌的曝光率，更是让产品销售变成了终端客户的一种生活方式，在社交互动中就能卖出产品。这种推广手段能为企业营销带来什么呢？

第一，带来巨额流量，流量稳步而快速增长。用户将商城链接分享出去，其他用户对商城链接点击浏览时，用户可获得流量佣金。好处是，为商城引进巨额流量，商品信息大范围对外辐射，使得更多的客户从多方渠道获知商城的信息并购买到商城的产品。

第二，推荐新会员，会员滚雪球般递增。通过用户 A 推广链接注册的会员 B，A 和 B 形成了上线、下线的层次关系。如果会员 B 通过推广而获得了佣金，会员 A 也能够获得一定比例的提成收益。好处是，解决会员注册问题是促进消费者成功购买的至关重要的一步。

第三种：带来大量订单，订单量提高 80% 。消费者通过用户分享的链接进行的购买，用户能够获得订单佣金。好处是，带来实际的流量转化、实际的订单。培养消费者对企业的信任是一个漫长而艰难的过程，但通过用户这种熟人带动熟人购买的方式，交易更容易成功。

第四，以低佣金轻松获取源源不断的粉丝。用户只要将带有参数的二维码让他的朋友们扫一下，他的朋友们便立即成为微信平台的粉丝。好处是，目前获取一个普通粉丝的成本已飙升到 10 元。这种人荐人的形式可让企业以低佣金轻松获取粉丝。

"用户+公益"模式

用户+公益模式以低成本的互联网模式，打破传统慈善公益的小众化参与壁垒，让每一个用户都可以直接便捷地参与公益，让随手公益的理念走向现实。

这种模式一方面是方便用户快速上手，另一方面也确保整个公益活动公开透明，面向大众微捐消费市场。它的核心设计理念是：任何人可通过用户的吃、喝、玩、乐、行等日常消费行为促使爱心商家捐赠，并记录在用户的名下。同时为用户在各地建立爱心行为终身档案，提倡人人随手公益的理念。

比如，一点公益商城。它的商品全部为出厂价+公益奖励币。所有在一点公益商城的消费，包括线上所有产品、服务销售和线下联盟商家的所有消费体系（餐饮、旅游、地产、酒店、娱乐）的 1%直接进入公益基金账户，且最终捐赠给国家。一点公益，通过每个人都必须的日常消费形式，让公益人人可以参与，做到了公益的"全民化"。通过网上购物和捐赠保留下来的电子单据，让公益有迹可循，做到了公益的"痕迹化"。通过每次的点滴消费，让公益从小积累，做到了公益的"碎片化"。通过会员的消费习惯，让公益践行永续，做到了公益的"持续化"。

一点公益平台通过公益捐赠+商家联盟公益捐赠的方式，让所有个人和商家实现了直接捐赠。通过一点公益平台直接进入公益基金的账户，以商业服务促进公益事业健康发展的初衷，让用户在日常的点滴消费中间接做公益。并且在做公益中积累起信誉，体现了社会价值。

"员工+投资人"模式

这一模式被"小米"应用在商业模式设计上，非常有亮点。

首先，小米创始人团队成功抓住了智能手机崛起的时机，用互联网营销的方式制造了爆款。很多人以为雷军定义小米就是"手机公司"，但他利用手机积累的数以千万计的用户资源，将公司重新定义为智能产品提供商。80后、90后这些主流消费群体是智能一代，这样就打开了成长的空间。

但如何实现新的定义？小米进入空气净化器、插座等新的智能品类领域时，没有采用传统的招聘研发人员自我开发的模式，实际上这样招聘到的人也未必是高手。小米采用了投资、培育和服务产品创新能力强的创业工程师的形式。市场上选择成熟的优秀工程师和优秀产品，他们缺少启动的资源，尤其是品牌公信力和用户群。小米利用自身的市场渠道、用户群、供应链管理、投资等资源能力与创业者交易，以投资参股的方式进行智能生态的布局，参与利润的分享。这种构建方法非常快，迅速构建起一个产业平台。

好的商业模式，通过交易结构的设计，可用最少的资源能力，大范围地组织资源，实现事半功倍的效果。当然交易模式的设计，其实同样考验企业家的价值观。是否具有分享精神、照顾各方，如何平衡短期利润和长期价值的关系，都至关重要。

2. 商业模式的"分化式"

随着中国的改革开放和计划经济向市场经济的转变，很多未被满足的需求，逐步被市场经济的大潮所唤醒。中国的各个行业像爆米花一样，突然从一个大米缸爆出千万个小米花出来。这个"分化"过程，为我们创造了无限商机，从 20 世纪八九十年代一直爆发到 21 世纪。

可以说，当今中国各行各业数得出来的大品牌，几乎都是在 20 世纪 90 年代奠定其江湖地位的。在这些米花爆炸的分化过程中，各行业标杆型企业毫无例外都做了同一件事情，那就是：发现一个机会，成为第一，或是唯一。

计算机的分化

计算机刚刚出来的时候，就是几种，后来就开始分化。计算机在一段时间之后，开始分裂成几个细分市场：操作系统类别（微软、Linux），芯片类别（英特尔），键盘和鼠标类别（罗技），存储类别（Zip、Migo），打印机类别（爱普生、惠普），投影机类别（富可视），扫描仪类别（UMAX）……基本上没有个人电脑和其他产品融合创建的。分化的品牌中单类别（微软）的股市价值几乎是整个 IBM 公司的两倍。

水的分化

在中国，瓶装水分化为：纯净水（娃哈哈）、矿泉水（农夫山泉）、矿物质水（天与地）、维生素水（脉动）、高档矿泉水瓶装水（崂山）……在美国，分化更为激烈，有常规水（Aquafina）、高档水（依云）、加钙水（AquaCal）、尼古丁水（Nico）、咖啡因水（Water Joe）以及氟化婴儿水（Nursery）。

广告的分化

广告行业也是一样，现在有：电视广告、网络广告、报纸广告、杂志广告、户外广告、广播广告。户外广告又可以继续分化为：地铁广告、街道广告、零售点广告、交通广告、大看板广告、电梯广告、计程车广告、厕所广告。

银行的分化

银行也在分化，中国的所有银行都是什么业务都做。而国外，有穆斯林银行、投资银行、中小企业银行、贸易融资银行、融资租赁银行、信用卡银行、抵押贷款银行、教育贷款银行、资产管理银行等。摩根士丹利以"投资银行业务"为主，占总收入的60%以上。高盛则以"资本市场业务"为主，资本市场投资收益占到总收入的60%以上。瑞士银行擅长"财富管理业务"，占到总收入的40%左右。美洲银行擅长"零售银行业务"，占到总收益的70%。富兰克林的"资产管理"收益，占到总收益的56%。黑石的"替代投资"收益，占到总收益的88%。花旗银行选择了"零售银行"，摩根家族选择了"投资银行"。

酒店的分化

今天的酒店业已经分化出一系列品牌：常规酒店、套房酒店、汽车旅馆和公寓酒店。此外还有高档酒店、中等价位酒店或平价酒店。但现在中国没有女士酒店，没有专门的学生酒店，这些都是市场空白。而今天做酒店的人是什么都做，最终什么都没有做好。

所以开创蓝海的商业途径就是分化模式，分化模式会让我们更成功。

3. 商业模式的"跨界式"

商业模式的跨界创新等于复制加改良。怎么能打出好的广告？答案就是去看很多好的广告。怎么能做出好的商业模式？答案就是学习很多好的商业模式。模式的创新等于复制加改良，不轻易原创。我们的经验是原创一般存活率都很低，所以我们懂得复制加改良。

善于从各行各业复制经验

很多东西的创新,全部都是从各行各业中复制过来的。五粮液的小包装促销是一种创新,沃尔玛的降价组合促销也是一种创新。金嗓子喉宝以前是一盒一袋,后来变成一盒四袋,也是一种创新。联合丽华的洗衣粉,以前是粉末状,后来把它变成巧克力状,这也是一种创新。盛大游戏,没有一个东西是原创的,全部都是复制加改良的,他复制的就是韩国的游戏。后来韩国告盛大,但是盛大说我跟你不一样,你用的是 C 语言,我用的是别的语言,法官也没辙。其实两个语言后面的算法完全是一样的,这就是复制加改良。

借鉴国外经验

分众传媒没有一个东西是原创的,他们的成功早就在美国都已经实现了,只不过是搬到中国来而已。索尼走的就是创新家路线。松下、李嘉诚他们走的都是老二哲学,不为天下先。

韩国三星也是一样,三星就是几乎从头到尾都不研发产品,而是用钱去买技术,买来以后进行设计和修补。李健熙说,如果付 1 亿韩元就能够以一周的时间获得技术,硬要投入 10 亿韩元,还必须花三五年时间开发,是一种浪费。付 5%的技术费没有关系,只要能够缔造 10%的利益、利润就行了。这就是韩国三星的复制加模仿的战略。

美国抄英国,英国抄法国,法国抄罗马,罗马抄希腊,希腊抄埃及,抄来抄去就世界大同小异,天下一统。这就是复制加模仿的策略。

把别的行业的经验运用到自己行业中

一般来说,打造自己的核心竞争力,重塑企业的核心竞争力,最成功的效率就是将其他行业中成功的经验运用到完全不同的行业中去,运用到你自己的行业中去,这就是我们成功的一个基石。第一个上山的人可能需要 24 个小时,因为他绝大多数时间都在找路。第二个上山的人只需要 2

个小时，他跟着第一个人上山的角度上去就行了。所以很多已经有成功经验的人，已经有这些策略的人，只要把这些策略全部融合在一起，就是一种非常好的模式创新。

正向思考+逆向创新

正向思考往往反映的是事物的普遍规律，逆向思考往往反映的是事物的本质规律。那么如何创新商业模式，越想越难，那是正向思考。逆向思想就是复制加改良。所以说我们要有所为有所不为，从思想上、哲学上、根源上去找到一个创新点，这样才对我们模式的创新有真正的帮助。

经营一个企业，永远不能静态地停留在过往的交易方式上。在多变的市场环境下，跨界转型能力格外重要。如果不能及时更新定义、升级模式，明星企业家一样会陨落。连接型组织其实就是一个不断重新定义、多次成功转型升级的典范。

技术驱动：沉淀和利用数据资源

互联网+时代是跨界打劫和颠覆的时代，传统的商业模式和竞争法则正在被新的业态所颠覆，各行各业不再各行其道，而是纷纷跨界，将业务向多元化方向发展。

而互联网技术为跨界连接和打劫提供了技术上的实现手段。

1. 跨界连接的互联网+

互联网已经嵌入每个人的生活，改变甚至决定着未来的生活方式。"互联网+"的热潮汹涌而至，让每一个对跨界与连接抱有热忱的人心潮澎湃。此时关于互联网的所有思考已不只关乎互联网本身，而是关乎所有行业、所有人，关乎未来。

我们常常低估技术的重要性，其实它是连接力的重要基础。经济演变的本质就是科技突破带来生产力和生产关系的变革。一开始我们用互联网发邮件，它被当做一种工具。后来出现了电子商务、搜索引擎，它又被当做一种渠道。现在已经进入信息经济时代，互联网成为基础设施。

把互联网当成技术和工具，可以放在任何结构下使用。但是在互联网时代，商业模式、组织架构其实和信息结构是息息相关的。信息结构本身决定了生产组织的结构和方式，对于这一点很多企业缺乏认知。什么是互联网的信息结构？就是对等、分布、无中心。

其实每一个时代、每一次新技术的出现，都会产生一个赋能，赋予人们新的能力。而每一次新技术赋能的过程，带来的是权力的转移。新的基础设施、新的要素、新的结构，其实是我们理解信息时代生产力的三个关键，新的生产力正在崛起。

2. 案例：数据海洋与钻井平台

猪八戒网是中国最早也是最大的威客网站之一，由创始人朱明跃创立于 2006 年。威客是指那些通过互联网把自己的智慧、知识、能力、经验转换成实际收益的人，威客网就是集合威客们的平台。现在猪八戒网站上的服务商已有 1000 万左右，这里面绝大部分是个人，也有一小部分是机构；而买家约在 300 万左右。

猪八戒网的商业模式是什么？

朱明跃曾表示，传统的佣金、会员费和广告费的收入，都很容易赶跑用户或看到天花板。他钻研淘宝的成功后认为，猪八式网最重要的价值就在于积累了海量的中小微企业用户、数以千万计的有专业技能的服务商和庞大的原创作品库，这些才是猪八戒网最重要的资源。

"那我们能不能够通过交易平台沉淀下来的这些资源，为平台和用户双方创造更多的价值呢？经过我们的探索和研究之后，我们在 2014 年成立了一个商标注册服务团队，为这个平台上海量的中小微企业提供商标注册服务。这件事情的结果是，我们仅仅用了半年的时间，就成为国家商标总局平均单日注册量最高的公司。"

　　猪八戒网的跨界沿着从商标设计到知识产权服务，再到商标注册服务，这一整条产业链的延伸方向。他们考虑到企业可能还需要印刷服务、制造服务或者在这条产业链上的其他服务，于是逐个把其他的要素整合进来，彻底把这一个链条上的各个产业连接起来。

　　我们把猪八戒网的跨界模式称为数据海洋与钻井平台的商业模式。通过原始的服务项目交易，获得海量的用户数据和作品数据。随着交易规模越来越大，海洋也就变得更大。在这个海洋上，陆续开通一个一个钻井平台。这个商业模式就会越来越清晰。

　　对上述商业模式进行梳理不难发现："连接的成功模式"可进一步划归为"基于用户价值的创新""产业价值链融合与分解"和"依托技术驱动突破"三类，并在不同的领域与产业价值链条上做出不同程度的创新。

　　这表明，成功的商业模式既非常相似又非常不同。相似的是创新性地将内部资源、外部环境、盈利模式与经营机制等有机结合，不断提升自身的盈利性、协调性、价值、风险控制能力、持续发展能力与行业地位等。不同的是在一定条件、一定环境下的成功，更加具有个性，不能简单地拷贝或复制，必须通过不断修正才能保持企业持久的生命力。

　　想要创新商业模式，只研究商业模式是远远不够的。不懂经济法则，不懂社会潮流，不懂人文需求，还是不能创新模式。借鉴基础上的创新永远是商业模式中商业智慧的核心价值。

第六章　连接用户：以用户为中心

过去我们把用户当成上帝，未来我们要把用户变成"粉丝"，抑或结成"社群"。互联网时代的营销也要从 4P 转向 4R，就是从传统的强调产品、价格、渠道、促销，转向强调与用户的关系，努力让用户参与，千方百计与用户建立利益纽带或情感纽带，与用户水乳交融，合作共赢。

用户不仅是消费者，也可以成为投资者，甚至可以参与决策。不仅要强调有意义，而且要强调有意思，往往意思比意义更重要。

粉丝模式：兜售参与感

自从小米乘着互联网的风口，变成了一只飞天的猪后，参与感和粉丝经济便成了两个很时髦的流行词汇。于是乎，一众互联网公司纷纷群起响应，打起了粉丝营销、粉丝经济等营销大旗。于是乎，年轻人便告别了宅男宅女的生活，纷纷找到各自阵营，加入一个个不一样的圈层。

很多年以前，粉丝这个词一般只出现在娱乐圈，只有娱乐圈的大明星才有不计其数的铁杆粉丝追捧。而今，互联网圈也掀起粉丝经济热潮，比如小米有米粉、魅族有魅友、华为有花粉，各种名目的粉丝层出不穷。

罗辑思维创始人罗振宇说，未来的品牌没有粉丝迟早会死。未来很多企业可以没有自己的知名品牌，但必须要有自己的粉丝会员，否则难以应对日益激烈的互联网竞争。

1. 粉丝经济的本质是什么

其实无论是 PC 互联网还是移动互联网，人们的第一需求都是信息获取。互联网兴起之前，人们通过 PC 及电视、报纸媒体等单向获取信息。而互联网时代人们可以通过微博、微信、移动 APP 随时随地进行双向沟通，信息传播更加精准与个性化，这为互联网企业积累粉丝提供了良好的工具。

粉丝经济的本质其实是 C2B 经济（Customer-To-Business），也就是按需供给或以销定产，产品还没正式上市已经开始接受用户预订，并且企业产品的设计越来越多来源于用户直接的需求汇总。只有汇聚了大量粉丝用户的企业，才能通过提前预售，及时评估市场销量情况，从而更加精确地安排产品生产，避免过去盲目生产导致的库存积压，从而让产生效率得到极大提高。

经过互联网粉丝经济模式，企业将全程掌控从产品设计、原料采购、仓储物流、生产加工、终端零售到售后服务的整条价值链，全程高度信息化，最终走向以销定产的 C2B 模式，企业将与消费者建立起长期反馈，而不再是一锤子买卖关系。

传统经济是遵从 B2C（Business-To-Customer）的产供销模式，链条长、效率低、成本高，导致产销脱节、产能过剩。一件商品从厂家到省代、市代再到终端门店，最后才能到消费者手中。中间经过层层代理商，不但耗费大量人工成本及物流成本，而且难以从消费者得到及时的反馈信息，对于产品用户体验的改善也就无从谈起。

营销学的一个常识是，发展一个新客户的成本是挽留一个老客户的3~5 倍。因此，通过互联网低成本积累自己的粉丝会员已成为未来企业的核心竞争力。

2. 粉丝为什么会参与

粉丝长期参与的原因是：归属感。

长期而言，人们都只会对自己的事情感兴趣。也就是说，人们不会参与你的活动，只会参与自己的活动。通过参与，人们感到自己属于某个群体，为群体中的人们所认可，内心得到归属感的满足。

你只有得到用户的信任和认可，用户才会从你这里寻找参与感和满足感。

归属感消费，带来的正是消费上的欲望满足。它具有极强的吸纳性，往往可以让用户付出远远超出商品价值本身的消费行为，但是要打造用户的归属感却不是一件容易的事情。一个好的品牌可以给用户带来极强的归属感，如苹果、LV 这些业界大牌。但是这些品牌的宣传、包装、成本都是惊人的，而且往往无法复制。

品牌就像是一个舞台上的明星，通过在某一领域内的成功，绽放出无可比拟的光芒，吸引众多粉丝的眼球。通过一定的运营方式和沉淀，最终获得用户心目中的归属感。那么当这个品牌推出其他"跨界"的产品时，用户就会不顾一切地去购买。

比如小米手机火了，小米盒子、小米电源也就跟着火了，极大地带动了粉丝用户的消费，这才是大佬们真正在乎的事情。要知道在粉丝群中进行推广，推广成本是极划算的。毕竟用户对于小米形成了较高的心理认知度后，这种粉丝经济效应的消费又是不理智的归属感消费，产品的价值会被无形中放大。

3. 创办粉丝团体的策略

（1）资源稀缺性

之所以是他们而非别人，首先因为他们具有的那些演绎能力资源具有稀缺性，这种稀缺性引来粉丝追捧，少则值钱。

A、产品稀缺：最开始常用的做法是产品稀缺，比如小米的饥渴营销，当然现在"饥渴营销"已经滥大街了。

B、格调稀缺：用互联网思维做品牌的企业，如雕爷牛腩、黄太吉等玩起了格调稀缺。好好的服务员一定要学海盗，卖个煎饼一定洋气配奔驰，这种只能意会不能言传的格调，他们喜欢分享以获得满足。但是很明显实体经济中是具体可参照、可衡量的产品，品质高低，一用立见。

C、服务稀缺：海底捞和顺丰这是两家真正的粉丝经济。在海底捞可以有服务员带来的精神愉悦，他们用服务稀缺性提高了餐饮产品的整体品质。顺丰也一样，微信下单的便捷、后端大数据下优化的速度，让人用过方知好，他们是在用真正的实质产品和服务赢得用户。所以吃火锅就去海底捞，需要快递就打顺丰的电话，这不就是粉丝吗？

（2）参与感

参与感让粉丝体会归属感消费，并且成为产品的狂热推销员。

按照《参与感》中所说，人们的消费观，最开始是看功能好不好，然后是看品牌，接着是看体验，到现在已经是参与式消费，即消费者对于自己参与设计的产品最有认同感。

很简单的道理，如果你用了一部质量不错的手机，那么当有人想买手机向你咨询时，你会推荐它。但是有一部手机在设计的过程中采取了你的意见，就算别人没有问你买手机的问题，你都会主动向别人推荐这部手机了。

（3）认同感

给与粉丝特权，加强粉丝对品牌的认同感。这个就很好理解了，产品运营离不开活动运营，围绕粉丝的特权，可以开展很多活动，比如赠送礼品，比如优先购买，比如邀请参观企业。对于粉丝来说，这些特权能够给予粉丝不错的实惠，加强粉丝对品牌的认同感，同时也是对潜在粉丝极好的招募广告。

【案例】小米同城会

3 年时间下来，每年我们都要在各个城市举办十几、二十场"爆米花"活动。这是一个邀请米粉来参加的同城会活动，跟各类车友会颇为相像。参加我们用户同城会的米粉，同样买了小米手机，同样在用小米手机。他们走在一起，大家相互交流，一起去做公益活动，大概这样的形式。这个活动设计起来很简单，就是和用户一起做游戏。我们基本也不讲产品，但是用户高度参与进来了。我们没有举办爆米花活动的时候，或者没有举办爆米花的地方，当地米粉也会自发组织各种形式的同城聚会。全国各地加起来，每年有三四百场。

就是这样，用户深深感受到小米和自己，不是简单的卖和买的关系，每一个用户都能够感受到他们深深地参与到小米这个品牌所代表的生活当中。

社群模式：互联网结社

社群首先是一群志同道合的人的聚集，同时也是连接信息、服务、内容和商品的载体。在网络上，人们以社群的方式存在，借助互联网的优势，社群成为企业与用户连接的最短路径和最经济的手段。

做饮料，就要把一罐汽水卖到全世界，因为规模才能产生效能，这就是工业化的规律。但未来商业的增长方式会出现变化。以 Hello Kitty 为例，它不可能卖给所有人，只有特定年龄、特定文化的女孩才喜欢。但 Hello Kitty 不仅卖小猫，还卖授权给很多产品，这是一种内生型增长。而我们今天讨论的社群经济模式，就是先划定"群体"范围，然后在范围内靠多品种实现增值，这个逻辑是工业社会所不理解的。

社群经济尝试的是未来的商业模式，跟工业社会的逻辑截然不同。主要是以下几点不一样。

1. 社群经济的本质是结社，而不是规模

社群经济的实质是基于互联网的结社。结社关键不在于有多少人，而在于影响力度有多大。李宇春粉丝会的核心会员并不多，但个个能为她出力。小米连接规模也不大，但影响力大。罗辑思维从一开始就声明最多只招 10 万会员，很多人以为他们"自限其小"，其实这套连接玩法早就成型了。这个小组织只是一个火花塞，会员系统是气缸，火花塞点燃气缸再带动发动机和整个汽车，一辆汽车又可以带动整个交通系统，这才是他们真正的影响力。

社群经济不是完全意义的粉丝经济。李宇春的粉丝经济是针对粉丝卖碟、卖 T 恤、卖演唱会门票，挣粉丝的钱；而社群经济是和粉丝连接起来挣别人的钱。罗振宇凑 10 万会员社群玩"团要"，上次向乐视要了 10 台大电视、20 台电视盒子，最近又跟黄太吉要了 10 万份煎饼果子，一分钱不给免费拿。商家送完一回还求着他们再送一回，对商家来说这就是营销。

商家跟罗辑思维之间的合作，得到三样东西：曝光渠道，能大大提高产品曝光度；人格背书，这是罗振宇认可的产品，相当于给他们做阶段性的形象代言人；慈善意义，支持罗辑思维相当于捐赠一个知识社区，更奇妙的是我们制造了稀缺性，只有会员才有抽奖资格。

一石三鸟，商家当然愿意了。一群人团结起来占其他人的便宜，这就是用户连接的逻辑。

2. 社群经济未来会跨边界协作

从某种程度上说，社群经济给人的感觉很像深圳的山寨机产业：联发科是一粒沙子，各种各样的手机制造商、配件制造商、营销商、服务商凝聚在它周围，共同构成一个产业生态圈，就形成了一颗珍珠。这个生态圈里除了联发科谁都不是主导者，但在全球市场上能干掉诺基亚。

现在的产业通过互联网能轻松实现跨组织协作，例如传统媒体的记者写完稿要交给编辑审，而"罗辑思维朋友圈"成立 QQ 审稿群，视频发布

前一天发给粉丝挑错别字，省了雇校对的开支。有人要出书，就在群里招人帮忙画个海报，一下收到几百张，很多人做得非常好。

罗辑思维还准备让会员生产各种各样的东西，卖给非会员。比如说今年我计划做"罗辑思维月饼"，先从会员中筹资 500 万，然后分工合作。有本事的人做项目负责人、财务总监、监督员，没本事有热情的人去养鸭子收集鸭蛋黄。另一拨人在全国各地找上好的莲蓉，再有一拨人到香港最好的月饼生产厂去烤制。他们甚至可以做一款手工月饼，请会员里的美女在家烤。

罗辑思维月饼接受品牌合作，企业可以定制我的月饼送给客户，因为我有格调、有知名度。接下来还可以做元宵、做粽子，什么都能做。假如这件事做成了，就说明企业不必追求长久，随聚随散，三个月结束，做完拉倒，分钱走人。这就是一种新型协作模式。

跨组织边界协作，是社群经济的经典模式。这种模式，可以充分发挥企业的想象力与创造力，天马行空、无边无际地思考问题，研究出创造价值的新模式，然后无限地用别人的钱、别人的资源、别人的团队、别人的智慧去做事，让参与的各方都成为赢家，让单打独斗者没有还手之力。

3．社群经济的成功配方

社群经济的核心不是价值，是爱。

传统社会衡量产品的价值，比如消费者喜欢你生产的电视机，就会希望你打折降价，最好白送。你挣多少钱跟他们无关，他们爱的是电视机，不是你。

而社群不一样，比如苹果粉不能容忍三星手机卖得比苹果贵，小米粉丝也不在乎小米的质量到底好不好。如果罗永浩现在发布锤子手机必定会有很多人捧，因为他们对这个产品有参与感，希望这个产品成功，价值是次要的。

过去大老板会主动捧梅兰芳这样的艺人，他们不在乎实际利益，就希望艺人成功，他可以说梅兰芳是我捧出来的。未来财富和媒体的连接方式可能也是如此。

社群经济的成功配方和因素，充满不确定性，各种因素随机组合。机遇、勤奋、忍耐、关系链，恰好配对了，一朵花就开了，此外没有任何标准能够确定谁成谁败。我们认为，现在有几个因素容易组合出成功的配方。

首先是小。上一代创业者的商业计划书都是席卷全球并吞天下的气势，但现在黄太吉这种小型创业反而更有优势。他只做点，不再试图做线和面，商业空间也很大。

其次是连接。连接是人类除了饮食男女之外最基本的需求，也是互联网时代的核心动力。所以你判断未来互联网的生意就看他是阻碍了连接还是促进了连接，谁阻碍连接就大祸临头，谁促进了连接就拥有一切。

比如说 Google Glass 就一定是个好产品，因为它让人随时随地在线。三星出大屏幕手机，让连接变得更通畅，就有前途。出智能手表，屏幕变小了，相当于阻碍连接，所以一定没前途。马云怕微信也是这个道理，微信会吸掉一切。

最后是通过连接形成社群。社群的价值在于运营，一群人聚集起来之后可能是乌合之众，也可能做成大事，最重要的是干什么。《创业家》办黑马营就明确知道把这群人聚起来要干什么，比如做基金、做风险投资，甚至可能去做互联网金融。把人聚成社群之后，是要一起上天揽月还是一起下海捉鳖，关键取决于连接型 CEO 的战略决策。

免费模式：更好的盈利

免费是互联网的历史潮流，有很多企业家重视免费，开始想方设法将免费战略应用到自己的企业，试图为企业带来希望、带来突破。但遗憾的是很多人都看不清免费的商业本质，因此事倍功半。

很多企业不懂免费模式的本质，原因是：他们用的是传统收费理论，不接受免费模式。传统经济学理论全是收费的理论，理由是：资源是稀缺的，有稀缺就必须有选择，有选择就有机会成本，有机会成本价格就不能小于成本，更不能等于零。

价格的下限是生产者的平均成本，上限是消费者意愿接受的最高价格。同行竞争迫使价格接近平均成本，越是竞争越难赢利。垄断导致价格接近消费者意愿出的最高价格，越垄断越能赢利。价格小于平均成本就会亏本，高于意愿价格就卖不出去。所以免费会使企业不能生存，不能接受。

事实上，免费是为了更好地收费。前期用免费迅速占领市场份额，后期利用增值服务，提供高端的服务来进行更好的收费。

1. 免费模式的现实案例

在制定与实施免费战略时，紧紧把握住免费的商业本质——"交叉补贴"非常重要。对于消费者来说，免费意味着以后的付费。对于企业来说，免费是为吸引消费者实现成瘾消费，而更好地收费。免费模式的利润来源是交互补贴，用第三方的盈利补贴自己，或是用后期的增值服务补贴前期。

案例一：谷歌是互联网免费策略的倡导者和实践者。它提供免费的图书馆资料、邮箱、地图、照片管理、办公软件。结果谷歌成为世界上最大的互联网公司。

案例二：互联网游戏。2005 年之前互联网上的游戏大多都是按时收费的，后来盛大开创了网游免费模式。短短四五年，网游这个行业的用户规模从 1000 万增长到 2 亿多；收入从 20 多亿激增到 2009 年的 300 亿，涨了 10 倍还不止。

案例三：腾讯 QQ。腾讯 QQ 从刚进入市场的时候就是免费的，凭借这一优势，QQ 迅速占领了中国的社交软件市场，很多人都在用 QQ 进行社交通信。有了市场份额后，QQ 利用 QQ 会员黄钻贵族这些增值服务来更好地为用户服务，同时这些收费的服务也让公司赚得盆满钵满。

案例四：360 永久免费。周鸿祎说：我们的目标是通过免费模式，把安全软件的普及率从 10%提高到 90%以上，让大家都用得起安全软件，从而提高整个中国互联网的安全水平。现在，360 安全卫士的用户数已覆盖了超过 70%的中国网民。相信和网游一样，在免费之后，通过增值服务和高级服务收费的方式，完全有可能从 10 多亿涨到 100 亿。

以上案例充分证明了免费模式的优势，免费是最好的盈利方式。

2. 免费模式是如何赚钱的

（1）体验型模式

体验型模式，是通过客户先进行体验，获得客户的信任后，再进行成交的方式。这一种模式具体可以分为两种：一种是企业设计可以用于体验的产品，客户可以免费体验该产品，感觉良好后再进行消费。一种是与时间挂钩的免费体验，就是客户在单位时间内可以免费体验该产品，而后进行资费长期的使用。

（2）第三方资费模式

我们需要客户，而有一些企业更需要我们的客户，于是我们转化成一个资源对接的平台。简单说，消费我们产品的客户将会获得免费，而向我们支付资费的是想拥有我们客户的第三方，如：报纸、电视、广播、杂志等。消费者可以免费获得，而资费方是第三方企业。

（3）产品型模式

免费获得产品对于消费者来说，具有极大的吸引力。是通过某一产品的免费来吸引客户，而后进行其他产品再消费的方式。产品型模式是一种产品之间的交叉型补贴，即某一个产品对于客户是免费的，而该产品的费用由其他产品进行了补贴。

产品型模式分为三种：1、免费诱饵产品的设计，目的是培养大量的潜在目标客户；2、赠品的设计，将一款产品变成另一款产品的免费赠品，或将同行或边缘行业的主流产品变成我方的免费赠品；3、产品分级的设计，普通版的产品客户可以免费得到，高级版本或个性化的产品客户需要资费。

（4）客户型模式

通过对其中一部分人群进行免费，从而获得另一部分人群的消费。该模式是企业找到一部分特定的客户进行免费，对另一部分客户进行更高的收费，实现客户与客户之间的交叉性补贴。这种模式设计的关键核心在于找到特定的客户群。比如可以女士免费男士收费，小孩免费大人收费，过生日者免费朋友收费，老人免费家属收费等。

（5）时间型模式

时间型模式是指在某一个规定的时间内对消费者进行免费。如：一个月中的某一天，或一周中的某一天，或一天中的某一个时间段。有些行业具有明显的时间消费差异，比如电影院，上午看电影的人群非常少，那么可以在上午对客户进行免费，从而吸引大量的客户在上午进入电影院。而电影结束时往往是中午，客户会进行餐饮等其他消费。采用这种模式要将具体的时间固定下来，让客户形成时间上的条件反射。

（6）功能型模式

有一些产品的功能，可以在另一些产品上体现，于是可以将另一种产品的功能对客户进行免费。功能型免费模式是指将其他产品的功能在我们的产品上进行体现，让客户获得免费使用。如：手机免费了相机、U 盘等功能。这种模式将会愈演愈烈，成为消亡行业的终结者。

（7）空间型模式

为了拉动某一特定空间的客户数量，对于指定的空间，客户可以获得相关的免费。空间型模式是指该产品或服务对于客户来说是收费的，但是指定的空间或地点客户可以享受到免费的待遇。

（8）跨行业型模式

将其他行业的产品当做我们的诱饵产品或者赠送产品，来吸引客户消费我们行业的主流产品。跨行业型模式是指企业将其他行业的产品纳入我们的产品体系，而纳入的产品对于客户来说是免费获得的，条件是消费我们的主流产品。这种模式将使得行业之间的界限越发模糊，会将一个行业部分或全部并入另一个行业。

（9）耗材型模式

有一些产品的使用需要大量相关耗材，从而对该产品进行免费，而耗材进行收费。耗材型模式是指客户将免费获得我们的产品，但是由该产品引发的产品（耗材）客户需要资费。

（10）增值型模式

为了提高客户的黏性与重复性消费，必须对客户进行免费的增值型服务。如服装可以做到免费烫洗，化妆品可以做到免费美容培训，咖啡厅可以做到免费英语培训等。

（11）利润型模式

利润型模式是指客户将免费获得我们的产品，甚至是服务、营销及产品的使用。条件是我们将参与产品所产生利润收益的分配。如某一些医疗器械，医院可以免费获得，而我们要参与该产品的利润分成。

众筹模式：无边界竞争

众筹模式不是一件新生事物，自古以来就存在，"不就是凑份子吗"？

只是到了 2014 年才开始蔓延开来，越来越多的人将众筹运用到各种领域，用来改造自己的企业与行业。在我们看来，众筹是对生产资源的优化与重组，这种重组主要体现在包括社会关系、生产模式、销售模式与消费模式等方面。

众筹的兴起源于美国，通过搭建网络平台面对公众筹资，让有创造力的人可能获得他们所需要的资金，以便使他们的梦想有可能实现。这一模式现已演变成初创企业和个人为自己的项目争取资金的一个渠道。众筹使任何人能够向不特定的大众筹集生产要素，消除了传统投资者和机构融资的许多障碍。例如，一个清华大学学生，在他的微信朋友圈里发了一条 3D

创业的微信，当天到账 400 万元。又如，深圳一家做旅游地产的公司，把旅游地产分成 22 000 元一份在网上公开发售，半小时秒杀，到款 660 万元。

这在过去是不可思议的，这就是众筹的力量。

1. "众"的角度看草根创富

众筹降低了普罗大众做梦或投资的门槛，带动了草根创富的时代。众筹模式的本质是消除了传统融资的中间环节，对于提高融资效率和降低交易成本作用明显。而股权众筹对于促进初创企业的发展意义非常，既能帮助解决需求方普遍存在的融资难题，又能满足供给方支持初创企业发展，还能分享初创企业的成长收益。

在国内，类似的产品创意式众筹平台也雨后春笋般成长起来，如点名时间、积木等。但因为中美国情差异，国内产品创意式众筹网站成规模的很少，平台上往往人少、钱少、创意少。反而是创业股权式的众筹在中国有了不少案例，也获得了社会的极大关注。

对于绝大部分创业者来讲，创业股权式众筹的先锋式尝试可以帮助他们有效找到资金。在一盘土豆沙拉都可以通过众筹平台创造 5.5 万筹款奇迹的当下，还有什么是不可实现的呢？互联网所提供的想象空间非常大，大到你可以培育一批又一批各式各样的出资人。

我们从"众"的角度来看待国内众筹项目及市场，虽然项目很多很杂乱，但无外乎主流项目就那么几种固定的思路。下面就这几年国内出现的众筹案例进行分析。

案例一：股权式众筹

当众筹出现后，对天使投资进行了优化。原来是一个天使投资人投几百万元于一个企业，自己承担这几百万元的风险。而众筹则是由几十人甚至上百人来一起承担这部分费用，同时也由这上百人一起来辅助这个项目的成长，共享企业最终上市的利润。

以聚美优品为例，这是著名天使投资人徐小平老师的经典案例。徐小平老师前后总计投给聚美 38 万美元，IPO 前徐小平持有聚美 8.8%的股份。以聚美优品开盘价 27.25 美元、市值 38.7 亿美元推算，徐小平将把 3.4 亿美元收入囊中。4 年间，38 万美元的投入，获得了超过 800 倍回报。换算成人民币即投资了 200 多万元，收益达到 20 亿元，这就是风险投资的魅力。虽然有可能大多数投资都失败了，但一个成功的项目就把所有的投入都赚回来了。

而如果这笔天使投资以众筹的形式进行，200 万元分由 50 个人投资，每人投 4 万元即可，但日后每人可能得到 4000 万元的回报。而股权式众筹的出现，令中国的天使投资不仅局限在那些少数身价很高的天使投资人，而是有了全民投资的可能。当然一切众筹活动都要在现行国家法律范围内进行，每个股权众筹的项目股东不能超过国家法定规定的 200 人，而有限公司的股东不能超过 50 人。目前证监会也在为建立完善中国的众筹法案做研究，一切都在向积极的方向发展。

案例二：产品式众筹

产品式的众筹，首先为一个产品预付一定的费用。当这个产品开发出来或者正式上市后获得这个产品，属于产品购买的预付费模式。在一定基础上众筹的人可以参与到产品的定制与开发里，并提供建议。在某种程度上这属于产品的 C2B 预售定制模式，目前主流众筹平台的项目一般都以这种产品式众筹为主。

2015 年娱乐圈的骄傲"亿元谋女郎"李丹妮，带着自己的独立品牌"轻塑"联手京东开启众筹计划。李丹妮以众筹合伙人的形式召集一万名代理，并承诺提供全面、立体的营销支持，让万名"天使合伙人"快速持久取得高额回报。只要成功参与众筹项目，即可连续 5 年，每年获赠 1 万元的轻塑产品，并且在 1 年内可以无条件全款退货。就众筹结果来看已经超过了预计 6 倍。刷新全球风投纪录的"亿元果饮"轻塑，还未面世就已成名。

奖励式众筹，通俗说就是在项目完成后给予投资人一定形式的回馈品。回馈品大多是项目完成后的产品，时常基于投资人对于项目产品的优惠券和预售优先权。创新者和支持者可以在平台上更为容易地实现互动交流，对于投资人的规则和限制都更少。更少的限制会增加更多的投资热情，融资产品也会因此而更有可能成功融资。

案例三：会籍式众筹

会籍式的众筹适合在同一个圈子的人共同出资做一件大家想做的事情。通过众筹方式吸引圈子中有资源和人脉的人投资，不仅是筹措资金，更重要的是锁定了一批忠实客户。

比如很多企业家俱乐部要做咖啡馆，可以请客户们每人投资 1 万元，共同创办一个属于自己的咖啡馆。这样从开头就连接了一批高质量的用户群，大家还会带亲朋好友过来消费，生意一定非常好。如果要把这个咖啡馆办到全国 3000 个县级单位去，还可以找 3000 个会员企业家分别在当地照此模式简单复制。这样就能轻轻松松开 3000 个咖啡馆，而且个个都能盈利。

3W 咖啡采用的众筹模式与此相似。在微博最火热的时候，3W 咖啡汇集了一批知名投资人、创业者、企业高管，其中包括沈南鹏、徐小平、曾李青等数百位知名人士，股东阵容堪称华丽。3W 的游戏规则很简单，不是所有人都可以成为 3W 的股东，股东必须符合一定条件。

3W 咖啡强调的是互联网创业和投资圈的顶级圈子。这种股东级别众筹更多的是搭建一个圈子平台，大家都是一个咖啡馆的股东，相互之间发生了联系，产生了交集，同时可以把自己的资源在股东之间相互共享，从而产生比咖啡馆更大的价值。而投资人也完全可以在不需经营的前提下拥有自己的会所、餐厅、美容院等，不仅可以赚钱，还可以尊享 VIP 客户地位。

2. "筹"的角度看社会情怀

自从众筹搭上公益的列车，一直以来都顺风顺水。早在 2014 年公益类众筹成功项目多达 164 例，筹得善款 669 万元，占到当时整个网络捐赠的 1.34%，且有 95% 是来自综合类的众筹网站。

公益类众筹为什么在国内这么火，究其原因就是国内缺乏组织发展比较好的第三方社团，缺乏有资本实力且被公众信任的平台。这种实力派平台代表就如李连杰的壹基金，绑定了他国际巨星的个人声誉，且在需要的环节绝对透明。互联网的介入恰恰弥补了这些成本和信息不透明，同样公益类众筹也是大的互联网公司用来吸引人的手段。

公益类众筹的成功还在于，公益组织、民非组织、私募类的慈善基金有着一些天然的问题。如果是私募基金，因为法律约束没有办法向公众募款。如果是民非组织，他们需要钱却没有募资的通道。这些问题严重制约了他们的发展，而众筹模式的出现帮助他们有效解决了这个问题。例如建一座图书馆、购买一批桌椅等，资金通过平台直接流入项目，每一笔资金都有专人监管并在网络上发布，环节透明可控。对于出资人每进行一笔捐助，都会在互联网上留下永久的痕迹，这对于出资人在未来的事业发展及银行征信方面也有着很大帮助。

也有人说，众筹的出现其实就是因为大众娱乐需要更多的渠道。例如2014年美国哥伦布市一名叫布朗的男子在著名众筹网站 Kickstarter 上发起了一个土豆沙拉的众筹项目，这个明显带有玩笑意味的项目被人们在"脸书"等上疯传，最后却真的筹到了 5.5 万美元。人们乐在其中，没有收益期待，没有任何实质性的目的，仅仅是因为好玩。

众筹模式，是连接思维的经典模式。

这种模式可以充分发挥我们的想象力与创造力，天马行空、无边无际地思考问题，研究出创造价值的新模式，然后无限地用别人的钱、别人的资源、别人的团队、别人的智慧去做事，让参与的各方都成为赢家，让单打独斗者没有还手之力。

这种模式可以产生核聚变、核裂变，可以将传统的有限量、有边界、有竞争的发展模式变成无限量、无边界、无竞争的发展模式。这也是当今世界最先进的商业模式之一。

定制模式：个性化服务

众所周知，大规模的工业化生产，促成了中国制造业的"世界工厂"地位。然而随着新技术的发展速度超出想象，人们的需求也日趋个性化，企业面临的挑战越来越复杂，市场开始进入一个以个性化定制来满足消费者需求的年代。

事实上，个性化定制并非新鲜事物。早在 20 世纪 80 年代，就有港资企业从事西服的个性化定制。而在大数据时代奔流来袭之前，中国的诸多企业也早已开始精准把握产品定位、市场需求，其生产模式初具个性化定制雏形。等到大数据时代真正来临，个性化定制生产俨然渐成气候，在家具、服装等传统行业领域表现突出。

有经济学家称，个性化定制与大规模的标准化生产是一对天然的矛盾。越是大规模生产，成本就越低；越是个性化生产，效率就越低，成本就越高。对此，"聪明"的企业必须在两种战略之间做出选择，如何进和退、舍与得、成或败。

1. C2B 定制模式适用于各行各业

自从马云说了"C2B 一定会成为产业升级的未来，以消费者为导向，定制化生产将会取而代之，网络将制造业的利润提高，将渠道打掉，网货会让所有消费者得到个性化的产品"，国内企业就一窝蜂地上了很多 C2B 项目。

我们认为，C2B 的本质是以消费者为中心。C2B 模式是大规模生产在快速发展 100 多年以后，在满足了人民群众基本物质需求之上，开始解决用户日益多样化需求时创造出来的模式。

从企业的角度看，它是介于大规模标准化生产提供低成本产品或服务，和小规模定制化生产提供高成本或服务之间的一种模式。有一个词形容它会很贴切，就是大规模定制（Mass Customization）。它与传统的大规模制造区别在于，原来的模式是通过添加产品属性增加用户的选择权，满足用户的不同需求。比如电风扇同一个型号有遥控操作和机械操作两种，其他属性都一样，但价格差了几十块钱。而大规模定制则是建立在产品子模块基础上的用户定制组合，将定制产品的生产进行模块化设计，这个过程可以尽可能转化或部分转化定制为批量生产。

从用户的角度看，互联网赋能，消费者是最大的获益群体。以前我们货比三家，而现在网上搜索，货比三百家都没有问题，供应商被拉在圈子里随你挑选。在这个基础上，整个商业模式会从来自企业的标准化生产，转向来自消费者的个性化定制。

从管理的角度看，人都是追求个性化的。以前做不到是因为没有强大的信息系统和互联网，所以交易成本很高。现在每个人天生拥有的个性化追求已经能与技术的实现结合起来。所谓 C2B 是消费者驱动，通过倒逼来传导，可以节约营销流通、设计生产、物流仓储以及原材料供应环节成本。

从传播的角度看，以前的 B2C 是大众传播模式，而 C2B 是定制和个性化服务，是微博微信模式。C2B 不仅仅是单纯的商业模式，也可以被应用于各行各业。从制造业到零售业，从金融业、物流业到广告传媒业，互联网经济时代的所有行业都将越来越互联网化。

让我们看看在 C2B 模式中脱颖而出的一些案例。

C2B 事实上由来已久，最著名的当属 Dell 电脑。作为最早的 C2B 模式实践者，理论上每个客户购买同一款型号 Dell 电脑都可能产生独特的配置结果，这种组合可以多达上百种。

再比如宝马汽车，它的定制要素组合据说已经达到上亿种，也就是说咱们在马路上看到的那些外表差不多，但其实都有一颗不同的心。

再比如现在流行的全屋定制家具，它能够根据用户房屋的空间尺寸、实际用途、材质风格、颜色款式等需求，提供完全个性化的家具解决方案，而价格可能比买现成的还便宜。

但是在其他行业，C2B 模式还处在市场培育接受的过程中。比如最近上市的主打 C2B 模式定制手机的青橙手机，就被认为非常不靠谱，一两千块钱能定制出什么好手机啊？普通人需要的只是一款便宜好用的手机，只要手机体验好够便宜就行。定制服务永远是高富帅们才能享受的，比如定制服装、定制首饰。

确实，定制手机在大家印象里是 Vertu 这类镶满各种宝石，能够提供各种 VIP 定制服务的手机，只有高富帅白富美才能拿着个几十万的定制手机玩自拍。但实际是大家还不了解 C2B 模式，它不只是个性化定制，如果把个性化定制和 C2B 画上等号就错了。

2. C2B 模式的成功要素

（1）个性化定制

C2B 的产品肯定要满足用户千奇百怪的个性化需求，从 PC 电脑时代的 DIY 攒机衍生出来的定制电脑，到现在手机用户自己刷 ROM、装扮手机等，无不彰显用户个体的强烈需求。但前提是这些需求是可模块化的、可批量化的。否则太个性化，一是用户不够专业无法选择，二是很容易就变成小众化高成本的定制模式，从而背离了 C2B 模式。

因此像青橙手机这样参照传统的 C2B 模式，先把外观、硬件、软件、配件以及服务等模块化是非常明智的，可以让用户在定制手机时像点菜一样方便。

（2）数据处理能力强

传统生产模式衍生出的是大规模、流水线、标准化、成本导向的 B2C 运作模式，所有环节都由厂家驱动和主导。而 C2B 则是消费者驱动，以消费者需求为起点，在商业链条上一个环节一个环节地进行波浪式、倒逼式的传导。但是这种需求导向并不是请消费者对需求点进行投票，随后根据投票结果进行批量生产。在 C2B 模式里需要企业对消费者数据进行大规模的收集、整理和分析，从而使商业决策可以做到随需而定，最终实现商业运作的成本发生变化，规模化地从事个性化生产成本下降。

（3）服务专业规范

有一段时间有人把 Dell 电脑和组装电脑画上等号，因为表面看起来在 Dell 页面上选择机箱、CPU、主板、内存、硬盘等流程，跟在市场里随便找个摊位攒个机器太像了。但实际上 Dell 电脑为用户提供的远不只是硬件搭配那么初级，还有包括软件、维修、咨询和行业解决方案等个性化服务。这些服务是需要一个专业规范的产品技术服务体系来支撑的，不是哪个组装电脑的小商家就能够干的。

（4）具备全产业链

企业为什么要做 C2B？除了满足用户的个性化需求外，更多的还是想通过减少环节、减少库存等方式提高利润率，同时将中间环节损耗让利给用户降低成本。所以在 C2B 模式里前店后厂的全产业链很重要。

像青橙手机这类既有自己的销售渠道，又有自己的生产基地，还有强大的用户需求分析和产品设计团队，能够了解和满足用户痛点的模块化设计，做 C2B 的优势就会很明显。在掌握资源和控制成本的同时，批量提供用户个性化定制手机，这是一些简单的只做前端预售后端外包的厂商所无法比拟的，也意味着这些厂商很难实现真正意义上的 C2B 模式。

【案例】PPG 的崛起与衰落

被誉为"服装业戴尔"美称的 PPG 得到广泛关注，凭借低廉的价格和狂轰乱炸式的广告推广，迅速成为服装业的一匹黑马，日销售额超过传统行业需要多年才能达到的业绩。大家对其发展都抱有希望。

这家在互联网上销售男装衬衫的 PPG 拥有两个法宝：一个是比起服装 C2B 企业同等定位和质量的产品，其价格几乎便宜一半。而且这些平均售价只有 150 元左右的衬衫，却奇迹般地维持了比别人更高的利润率。另一个是 PPG 从不自己生产衬衫，将物流也外包了出去，却创建了一条快速反应的供应链。它的库存周转天数只有 7 天，而同行业的平均水平却是 90 天。

"我们既不是服装企业，也不是互联网公司，而是一家数据中心，甚至你可以认为是一家服务器公司。"PPG 这样介绍自己。

虚拟经营，电子商务，Just In Time 的供应链，外包的生产、物流、质检，让 PPG 能够身姿轻盈地应对市场变化，获得高额利润。仔细想想 PPG 模式的每个组成部分其实都算不上前卫，但能把这些概念串联起来并且高度整合，PPG 体现了自己的与众不同。对 C2B 模式来说，这种能力恰恰是最重要的资产。

但 PPG 的失败主要表现在巨大的广告成本、没有自建物流配送和衣服质量得不到保障等方面。从更深一层的角度来讲，PPG 并没有认识到，单纯的广告效应只能带来一时快感，最终决定消费者是否买单的关键因素还是质量和服务。

总之 C2B 是由消费者驱动导向带来的经营、生产理念的变革，是一种商业模式的变革，也是一种新的技术生产方式。而仅仅针对特定人群的个性化定制，则只是 C2B 模式的其中一个属性。

3. C2F 模式是未来变革的主流

所谓"C2F"模式，即顾客对工厂 Customer-to-Factory。

互联网发展到一定阶段，必然会深入到制造业与互联网的高度融合，诞生出 C2F 模式。这也是工业 4.0 的本质。工业 4.0 将在未来实现工厂、消费者、产品、信息数据的互联，最终实现万物互联，从而重构整个社会的生产方式。即利用物联网、大数据、移动互联网的手段，使工厂实现定制化生产的过程，从而实行消费需求、工厂制造、后续服务的一体化。

C2F 模式是 B2C 商城网站与移动社交高度的融合，由品牌商和用户通过互联网和技术直接沟通的一体化产销的模式。

而现在的工厂大多按销售商的要求进行生产，并没有深入了解、统计、整合消费者的需求。这时消费者需求、设计生产、销售服务的流程是分离的，生产的只管生产，不知消费者需求，制造工厂关心的是订单的批量和规模。而搞贸易和销售的不搞生产，不能满足消费者的小批量和个性化要求。

按销售商预估的产品进行生产，就不可避免地产生库存和压货，压货和库存是利润的天敌。并且生产商也只会根据自己预估的大众需求去设计产品，不会关心小众的个性化需求，因为制造业靠批量规模取胜，批量越大，开模的成本就越低。

而甩掉销售商的中间环节，直接面对最终客户是 C2F 的内核之一。制造厂商可以通过建立商城，把产品直接卖给最终消费者，在培养商城的成交量的同时渐渐干掉贸易销售中介，不再由销售商掌握销售终端。

当然有实力、有远见的销售商也在反击。他们通过自建商城完成终端销售，通过大数据、物联网改进消费者的购物体验，然后再向生产商输出自己的需求数据。而此时生产商又不得不通过他们的商城获取消费者的需求，实际上近年来崛起了大量的细分行业商城，大多是销售商做的。

如果说过去十年属于互联网企业，那么未来十年属于成功转型的传统企业，传统企业会因为互联网而发生裂变、重构，带来创新。消费数据会决定工厂生产什么，而不是工厂生产什么、消费决定什么。所有的生产都会按照消费需求进行。未来的每一件产品在生产之前都知道它的消费者是谁，并且知道这件产品的标准是怎样的。此时不会有库存，也不会有"你建厂我倒闭"的恶性竞争。行业将更进一步细分化，新的供应关系正在形成。

第七章　连接资源：内共存外共荣

　　企业经营不是引"无源之水"，栽"无本之木"。每一个企业，都必然有其"借力"的条件，也就是其凭依的连接资源。说到底，对资源的连接就是借力统驭，善用彼此资源，创造共同利益，最终实现内共存、外共荣。连接型组织就是整合者，最好的组织就是最好的整合领导者。

　　创造资源很难，而整合资源却很容易；创造资源很慢，而整合资源却很快。不是你去整合别人，就是你被别人整合。信息、资金、人脉、渠道等是企业家渴望获得的宝贵资源。企业的发展，不在于你现在占有多少资源，最重要的是看上下游资源整合的能力。

　　牛根生说，企业的90%资源来自整合。评价一个企业的发展潜力如何，只需看一下其连接和支配资源的能力就可以知道。

杠杆经营模式：善借力者胜

　　荀子有言：登高而招，臂非加长也，而见者远；顺风而呼，声非加疾也，而闻者彰。又说：君子性非异也，善假于物。所谓善假于物，其实就是我们今天常说的连接资源、利用资源的能力。

　　资源虽然是有限的、分散的，但每个企业经营、组织和连接资源的权力又是平等的，关键看企业是否有"心"，这个"心"就是企业的连接力。连接力既是理念，又是行动，更是能力。从无化有、以小搏大、以弱胜强、以变应变、以速度对变化、积小胜为大胜、以时间换空间、以更少赢得更多。企业坚持资源整合和价值创新所弥漫的经营氛围，就是企业连接力的特质。

长期以来，我们的企业已经习惯了"求人不如求己"，眼光所及之处也不过是自己能够掌控的"一亩三分地"。对这块土地，他们是"能刨多深已刨多深"；而对身外的"肥沃良田"，却视而不见。这实在是缺少连接力的体现。给别人他所想要的，他就会给你想要的。由此不得不说，连接就是企业不可或缺的竞争力。

1. 可以借用，何必拥有

借力经营和自力更生，在本质上是完全一样的，两者都是要争取以尽可能快的速度来发展企业，都可收到增强实力、大长志气的乐观效果。只不过两者的表现形式不一样，表现在对外、对内的各种关系的处理上。

借力经营首先分析我有什么、我缺什么。把我有的资源利益最大化，把我缺的资源用我有的资源去换或者低成本买回来。把我的资源与你共享，把你多赚的钱分一点给我。把你的资源与我共享，把我多赚的钱分一点给你。说到底，整合就是借力，善用彼此资源，创造共同利益。

因此，资源整合的关键是不为我有，但借为我用。"借船出海""借梯上楼""借鸡下蛋""借壳上市"，是多年来国内许多企业成功经验的形象比喻。在当今市场经济时代，靠单枪匹马独闯天下是难以成功的，"借力生财""借势经营"才是企业迈向成功的捷径。企业要善于借用资源经营，借资金、借技术、借人才，能为自己所用的东西都"整合"来。

你所缺的，这个世界都有。只要学会资源整合，你的就是我的，我的就是你的。你的+我的=我们的，是不是这样？

【案例】

潘石屹经营的 SOHO 中国堪称借力整合的成功典范。一个仅有 200 多人的房地产开发企业，一年却创造了数百亿的销售收入，是全国平均水平的 150 倍，人均利润是全国平均水平的 25 倍。这主要得益于潘石屹从一开始就注意培育以灵活的资源整合为主导的特有经营模式。潘石屹认为，他理想中的公司是"无债务、无土地储备、无固定资产"的三无公司。他希望自己的公司像液体或气体一样，随需而变。他认为房地产公司最适合做"气态"公司，找世界上最好的设计师、最廉价踏实的建设者、最适合的原材料，加工成适合某一人群的房子。找最好的推广公司，赚取最大的利润。

因此，评判一个企业的实力，不在于其拥有或占有多少资源，而在于企业是否拥有文化软实力，能随时随地随需按照自己的理念借力整合。

借力经营注重对资源的利用，而不是控制资源，其显著特点之一是相关企业仍保持独立法人地位。它是一种超常规的经营战略，它追求的是尽量弱化实体组织结构形式，最大限度地利用外部资源，达到全方位"借力造势"的目的。从这个角度看，尽管企业没有太多资金购买资源，但却能用其所需。因此，借力经营对中小企业的发展有杠杆作用。

2. 杠杆经营，创造条件也要赢

阿基米德说过，给我一个支点，我就能撬动地球。这种杠杆原理应用于资源整合的核心内涵就是：用更少，得更多。

在美国商界，有这样一个管理寓言故事。一位企业家来到美国乡下，对一个老汉说要把他唯一的、相依为命的儿子带到城里去工作，并允诺在城里给他找个对象，结果却遭到了老人的断然拒绝。但当来人向老汉承诺他未来的儿媳妇是洛克菲勒的女儿时，老人被打动了。接着这个人找到了美国首富、石油大王洛克菲勒，说要给她的女儿介绍对象，洛克菲勒当即要赶他走。这个人又说："如果我给你女儿找的对象是世界银行的副总裁，可以吗？"洛克菲勒最终同意了。最后这个人找到了世界银行总裁，叫他马上任命一个副总裁，这位总裁摇头说："不可能，这里这么多副总裁，我为什么还要任命一个副总裁，而且必须马上？"这个人说："如果你任命的这个副总裁是洛克菲勒的女婿，可以吗？"总裁先生当然同意了。

这显然只是一个故事，但这则故事却揭示了一个做企业的道理，即企业家本身可以用微不足道的付出，通过整合其他社会资源来达成一系列目标。文中那位游走于各方之间的整合高人，其杰出的整合力确实超乎想象，其手法堪称配置资源的最佳方式，值得我们当代企业家借鉴。

事实上许多成功企业，都是具有借乘万物势力的巧善功夫的。落户南京的"小菜一碟"就是一例。"小菜一碟"原是形容人们对某件事情有充分把握、完全不在话下的一句俗语，却被聪明的安徽农民胡小平当做佐餐小菜的系列产品和服务的商标加以注册。

【案例】"小菜一碟"的成功

胡小平原本在农贸市场做点黄瓜、榨菜之类的小菜销售生意，后来得到苏果超市的销售网络将生意做大了。于是他开始发展小菜的定牌加工，再把产品打进苏果超市的网络。然后利用这个销售网络又和全国各地的小菜生产企业进行谈判，把全国200多种地方特色小菜汇聚在"小菜一碟"的品牌之下。在充分整合上游产品资源的基础上，胡小平又展开了和下游各大销售巨头的谈判，使"小菜一碟"产品成功走进家乐福、麦德龙、易初莲花、华联等国际国内大型连锁超市。就是在这样对上、下游企业的不断整合中，形成了买、卖小菜都找"小菜一碟"的状况。"小菜一碟"由此变成了中国小菜的交易平台，获得了迅速成长，上、中、下游企业也实现了多方共赢。

透过"小菜一碟"的成长模式，我们或许可以得出这样的结论：在外部竞争环境日趋复杂、内部管理日渐细化的形势下，企业只有通过将产业经营提升为产业链经营，培育以整合资源为基础的核心竞争力，才可能在激烈的竞争中站稳脚跟。这也可以解释，为什么在商业领域，诸如 Dell、沃尔玛们越战越强，毫无疲惫迹象。反而是老牌的 IBM、Intel 等核心技术领袖们愈发感到外战不利，处处被动。这当然不是否定新技术、新产品的价值，而是表明在此之外，已经冉冉升起了一个新的核心竞争力：资源整合力。

总之，借力经营是一种艺术，是一种文化。在今天扩大对外开放的中国，几乎每个企业都寻求对外借力，但不同企业选择的借力对象、借力内容是各不相同的，与借力对方的密切程度有很大差别，处理各种关系的态度与方法也大相径庭。这正是不同企业有不同企业文化特色的表现。

平台资源模式：聚焦整合力

经济寒冬之下，企业需要转型才能生存。消费结构发生变化的时候，企业也需要转型才能洞见未来。仅就目前来讲，平台是比较受欢迎的一种转型方向。之所以受欢迎，根本还在于资源连接对企业带来的价值，是无可比拟的。

平台是一系列商业能力的组合，在这些能力的基础上，可以发展其他能力。这是一种战略，也是企业成长的机制。

平台连接必须符合企业所处产业发展的趋势，并且能够使企业增长的目标、范围同增长的力度和规模相匹配。否则企业就发挥不了平台的协同效应，平台整合也就失去了意义。跨国公司能占据各个产业的龙头地位，就是它对所在产业有强大的整合力。而聚焦整合力正是它们利用企业领袖的魅力、企业信誉、核心技术、品牌影响力以及企业文化等为标志的连接力，才登上了所在产业的领导地位。

1. 四川航空的平台模式

很多人都有乘坐飞机的经验，我们通常下飞机以后还要搭乘另一种交通工具才能到达目的地。而在中国的四川成都机场，当你下飞机后，就会看到机场外停了百部休闲旅行车，后面写着"免费接送"。如果你想前往市区，平均要花 150 块人民币的车费去打出租车。但是如果你选择搭乘休旅车，只要一台车坐满了，司机就会发车带乘客去市区的任何地点，完全免费。

【案例】请略读一则新闻。

　　四川航空公司一次性从风行汽车订购 150 台风行菱智 MPV，主要是为了延伸服务空间，挑选高品质的商务车作为旅客航空服务班车来提高在陆地上航空服务的水平。

　　四川航空一方面提供的机票是五折优惠，另一方面又给乘客提供免费接送服务，这一举措为四川航空带来上亿利润。我们不禁要问：免费的车怎么也能创造这么高的利润？

　　这就是平台模式的魔力。

　　原价一台 14.8 万元的休旅车，四川航空要求以 9 万元的单价购买 150 台。提供风行汽车的条件是，四川航空让司机于载客的途中提供乘客关于这台车子的详细介绍，简单说就是司机在车上帮车商做广告，销售汽车。在乘客的乘坐体验中顺道带出车子的优点和车商的服务。每一部车可以载 7 名乘客，以每天 6 趟计算，150 辆车，带来的广告受众人数是：7×6×365×150，超过 200 万的受众群体，并且宣传效果也非同一般。

　　司机哪里找?想象一下在四川有很多找不到工作的人，其中有部分很想当出租车司机。据说从事这行要先缴一笔和轿车差不多费用的保证金，而且他们只有车子的使用权，不具有所有权。因此四川航空征召了这些人，以一台休旅车 17.8 万的价钱出售给这些准司机，告诉他们只要每载一个乘客，四川航空就会付给司机 25 元。

　　四川航空立即进账了 1320 万元, 即（17.8 万-9 万）×150 台车子= 1320万。你或许会问：不对，司机为什么要用更贵的价钱买车?因为对司机而言，比起一般出租车要在路上到处找客人，四川航空提供了一条客源稳定的路线，这样的诱因当然能吸引到司机来应征。这 17.8 万里包含了稳定的客户源、特许经营费用、管理费用。

接下来，四川航空推出了只要购买五折票价以上的机票，就送免费市区接送的活动。基本上整个资源整合的商业模式已经形成了。

继续分析，对乘客而言，不仅省下车费，也省下了解决机场到市区之间的交通问题，非常划算。

对风行汽车而言，虽然以低价出售车子，不过该公司却多出 150 名业务员帮他卖车子，以及省下一笔广告预算，换得一个稳定的广告通路，非常划算。

对司机而言，与其把钱投资在自行开出租车营业上，不如成为四川航空的专线司机，获得稳定的收入来源，也非常划算。

至于对四川航空而言，这 150 台印有"免费接送"字样的车子每天在市区到处跑来跑去，让这个优惠信息传遍大街小巷。这还不够，与车商签约在期限过了之后就可以开始酌收广告费（包含出租车体广告）。最后，四川航空最大的获利，别忘了还有那 1320 万。当这个商业模式形成后，据统计，四川航空平均每天多卖 10 000 张机票。回想一下，四川航空付出的成本才多少？

到这里，你一定发现了平台资源连接的惊人效益。

2. 平台模式的成功要素

平台模式是什么

从四川航空的案例不难看出，平台模式就是打造一个平台，让你在上面既能做好人，又能做好事。模式就是要从一个点到一条线，再到一个面，再编制一张网，最后形成天罗地网。

平台的连接作用，集中体现在各资源主体之间的协同合作上。平台公司正在迅速改变着竞争格局。战略焦点从控制资源转为精心管理资源，从优化内部流程转向外部互动，从增加客户价值转为将生态系统价值最大化。

平台模式怎么盈利

平台的任务不是自己在舞台表演，而是编制这张天罗地网，让更多人去上面表演。任何人上去表演，企业都可以抽成。具体来说，我们怎么才能找到更多的人给自己创造利润和支付成本？这里要考虑三个关键词：最大化、利益相关者、提供服务。

最大化，就是最大化企业的价值。比如麦当劳，做到 24 小时营业后，租金成本不变，让它的生产资料价值最大化。四川航空让司机当起了业务员，让乘客成为汽车的潜在消费者。在某种程度上让消耗者变成消费者，这本身就是让企业价值得到最大化发挥。

利益相关者，就是在这张天罗地网中的各个利益群体。一套好的连接模式是多赢的。四川航空在设计这套商业模式时，设计的企业利益相关者有乘客、司机、风行汽车公司、航空公司。四方的利益都得到照顾，各取所需。

提供服务，就是为各个利益相关者提供服务，从而使得他们为你带来业务。由此总结，使企业的价值最大化，在企业价值最大化过程中为所有的企业利益相关者提供服务，通过提供服务让他们给企业带来业务，这个过程中所形成的交易结构，就是四川航空的平台模式。

3. 平台模式下的连接思维

在平台连接时代，技术、人才、资本、设备等关键硬实力要素都在全球流动。企业要么成为被整合者，要么成为整合者。无论是整合还是被整合，最后都会赢在整合后的效率上，而实现效率依赖的却是企业的软实力。但从结果来看，几家欢乐几家愁，几家平地起高楼，几家忧伤无尽头。说到底，在平台连接的方向上，要能够转型成功，必须具备连接思维。

首先，必须具备平台的连接观。

很多企业虽然也喊出了转型平台的口号，但也仅仅是口号而已。到底是自己就转型成为一个平台型企业，还是让自己成为平台型组织的一个组成部分，或者是与平台型组织形成合伙型或者法人型联营？这是需要企业在转型之前就要考虑清楚的。很多企业匆匆忙忙转型，转来转去，找不到自身定位，不能站在未来的某一个点上系统性地制定战略和战术，是注定要失败的。

再者，要善于借力于成熟平台。

企业在转型之时，所需要的各项要素不见得都要自己从 0 开始建立起来，大可借用外部力量来缩短时间，强化资源整合。很多有智慧的企业，哪怕是踩着平台的边缘，也可以实现惊人一跳，实现质的飞跃。只可惜很多企业瞻前顾后，担心自己的企业守不住，担心自己被将要合作的平台所吸收。这样的企业注定难以成功转型。

最后，共赢思维。

共赢就是共生，就是在同一片蓝天下，大家相互依赖，互惠互利，共存共荣。按照多方得利、义利合一的原则行事。企业终生追求的不是赚钱，赚钱的真谛是为了共享商机，共获利益，而绝不是以邻为壑。许多公司领悟得早，所以成了伟大的公司。

从这个角度来看，自己企业是平台的一个环节或者一部分。但从另外一个环节来讲，平台还是自己企业的一个外在动力点。换一个层面研究一下，最终发现，自己企业和平台之间是相互成就的，谁也缺不了谁。

尽管很多企业都有平台之志，但却不见得有平台之命。要想成功转型，需要知己知彼。不但要保证自己能够入乎其中，出乎其外，还要善于运用成熟的平台思维，成就自我。

联盟竞争模式：命运共同体

现在产品竞争已经处于同质化、微利化阶段，竞争异常激烈。如何避免大规模战争，开创持久"和平与发展"的新局面，将成为新一轮经济全球化的主题。"互联网+"融合云计算、大数据、物联网等技术推动经济发展的空间更大，机会更多。一个企业的兴起将连接很多企业的发展，完全能形成你中有我、我中有你、互相需要、紧密相连的命运共同体。

世界正在变得越来越平坦，无论是国家与国家之间，还是企业与企业之间、人与人之间，单独作战获得成功的可能性大大降低，只有结盟才能在更高的起点上获得更长久的经营优势。我们以为，企业在开拓市场中实行合作竞争、协作竞争是大势所趋。

正因如此，我赞同一位 CEO 的切身感触："商场并非如战场，同行并非是冤家。"

1. 为了竞争，必须协作

在新的竞争环境下，具备资源连接能力是问鼎世界级企业的必要条件，企业之间正由竞争走向竞合。合作、共赢、协同、和谐是市场博弈的主流。

一个行业是个大市场，它不是你想守就能守得住，想堵就能堵得光的市场。没有一家企业可以真正"携垄断优势绑架客户"，学会连接也许比学会竞争更重要。连接强调"共生"的力量，就是共同生长的力量。这个力量来源于聚合、整合、配合、融合、结合、竞合、和合、联合，一个"合"字点明了每个利益主体都有"一口"，都能生存得下去，而且共同成长。

麦肯锡公司专门对此做了研究，他们认为对大多数企业来说，完全损人利己的竞争时代已经结束。为了竞争必须协作，CEO 作为企业的舵手，要想在竞争中取胜，必须在充分认识合作竞争内涵的基础上，选择正确的指导思想与策略方法。

第一，识别合作双方的核心竞争力。

基于提高竞争能力的合作，企业必须充分认识双方的核心竞争力，必须分析合作结盟之后，企业核心能力组合之后，能否具有协同性，能否提高整个系统的运作速度，能否使各自的营销领域向纵向或横向扩大，使合作者能够进入新的市场，进入单个企业难以进入或渗透的市场。在合作过程中，企业必须尽快将合作成果转化为自身的竞争优势，在相互学习过程中，每个合作伙伴都应该贡献出必要的信息供对方分享。当然，企业要合理控制信息流动，防止对方得到自己的核心关键信息。

第二，选用恰当的合作方式。

在合作过程中，要在认识和分析双方优势资源的基础上，选择较为合适的合作方式，获取竞争能力的最大化提升。常见的合作方式有。

品牌联盟。中国移动通信和麦当劳都是全球知名的品牌，一个是电信领域的品牌，一个是快餐领域的品牌，二者在无线数字时代开创了全新的商务模式。双方合作的口号就是"我的地盘，我喜欢！"通过品牌的强强合作，极大地增强双方的市场优势。

渠道整合。格兰仕与 10 家不同行业领域的企业在广州签署了营销合作协议，双方在宣传和经营渠道上达成了共享原则，合作各方希望通过销售渠道的共享来节约经营成本和扩大产品的销售规模。

新产品的合作开发。思科公司和摩托罗拉公司的合作计划中，双方在未来 5 年中，共同投资 10 亿美元，开发建设一个无线网络。双方通过合作都从中获取了收益，节约了巨额的开发成本，缩短了研发时间，降低了市场风险。

基于价值链的企业合作。这种合作主要通过企业间资源、信息的集成，从整体上提高价值链上各个企业的竞争能力。如商业零售巨头沃尔玛有众多供应商进行合作，在此过程中，沃尔玛成功拓宽了收益的渠道，进一步树立起自己的品牌。而供应商们赢得了稳定客观的销售额，提升了企业的竞争力。

全球化和技术发展也在很大程度上改变了企业的竞争规则，企业比任何时候都更需要清楚自身的能力，并灵活调整与其他企业的关系。因为除了纯粹的竞争或合作关系外，既竞争又合作的竞合关系正在变成常态。

"协作型竞争"是全球化状态下，所有企业必须信守的核心价值观。这体现出员工、股东、企业和合作伙伴、客户、社会的共同进步，也体现出"大团队观"和"大企业观"的结合。前者为了最大限度利用外部资源发展核心能力，后者则为实现企业广泛联合和企业间的竞合。

2. 战略结盟，抱团取胜

历史上有一个著名的结盟故事。北宋名臣富弼出使辽国，意欲以贸易换和平。他对辽君说：大王你和我大宋交战多年，把自己国库里的财物抖落了个底掉，得到什么了吗？什么也没得到！谁得到了呢？是那些军队里的将军们！他们以杀伐为业，当然希望仗打得越多越好，反正花的是你大王的钱，封官加爵的却是他们。反过来，如果大王你和我大宋交好，咱们开始边境贸易，那么那些税收都是你的。不花钱反而收钱，你看是哪样好？辽王大点其头，辽宋之间几十年的战争遂告结束，百余年的联盟由此开始。

联盟合作的具体表现：
从单枪匹马式竞争到协作型竞争；
从独立创造价值到联合创造价值；
从单赢模式到双赢模式；
从独赢模式到共赢模式。

在现代商业中，由于全球经济一体化，行业竞争愈演愈烈，消费者需求多元化，单独的企业已很难在一片红海里慢慢积累各种成功要素。损人利己或是利益独享的观念已被淘汰，企业的竞争关系开始进行战略性调整，纷纷从对立竞争走向规模化的合作竞争，谋求双赢的思想成为主流。

在此前提下，现代企业战略联盟大行其道，备受企业青睐。

完整的战略联盟具备 4 个要素：以业务战略为基础规划和设计联盟；以价值理念管理联盟；建立恰当的联盟组合；建立企业内部的联盟支持管理体系。

企业战略联盟的显著特点是联合行动，其实现形式主要有。

合资。两家或更多企业出资成立一家独立的企业。

资产战略联盟。这是由各成员作为股东共同创立的股权式联盟，其拥有独立的资产、人事和管理权限。

非资产战略联盟。签订合作协议而不涉及资产，以联合研究开发和联合市场行动最为普遍，各成员能互享彼此优势资源，取长补短。

默契垄断合作。例如共同提高价格，或者控制产品等。

在上述联盟方式中，通常会有一家战略中心企业，由这家企业来协调整个联盟网络。谁建立一个好的战略联盟，谁就在产业竞争中占据有利位置。通过有效的资源整合，构成快速、可靠、便利的有机系统，以适应不断变化的环境。

然而，要研究协作竞争、联盟取胜的智慧，要具有在合作中竞争、在竞争中合作的思维方式，就要首先改变那种"非赢必输"的旧理念，在共同目标基础上实现共赢。共赢就是共生，就是在同一片蓝天下，一切行业、单位和组织相互依赖、互惠互利、共存共荣，按照多方得利、义利合一的原则行事，这一策略在现代商业中屡被应用。

【案例】强强联手能够聚集"人气"

经常光顾麦当劳或肯德基的人不难发现，麦当劳与肯德基这两家店一般在同一条街上选址，或相隔不到 100 米的隔街对面，或同街相邻门面。大多超市的格局也存在类似现象，在首都北三环不到 15 公里的道路两侧，已经驻扎了国美、苏宁、大中这三大家电连锁的 8 个门店。从一般角度而言，集结在一起就意味着竞争，而许多商家偏偏喜欢联合，在一个商圈中争夺市场。为什么会这样？就是强强联手能够形成马太效应、"磁铁"效应，从而吸引到更多的消费者前来购买，进而产生更多经济效益。

随着企业联盟的建立和发展，战略联盟离我们越来越近，越来越具体，越来越重要。而且我们越来越理解到，它确实具有"连接"的含义——今后的竞争不再是企业与企业之间的竞争，也不是单一线性价值链之间的竞争，企业正从独立创造价值走向合作创造价值，有多条价值链构造企业价值网。

3. 全球化时代下的连接思维

有句话说得好：国家之间的竞争靠经济，经济竞争靠企业。21世纪企业竞争的背后是文化的竞争，企业之间在文化上的竞争自然要涉及文化连接力建设。

随着全球化大势所趋，各国的经济活动与竞争都走上国际舞台。企业必须快速整合全球资源，方能运筹帷幄，驰骋于国际之间。因此，国际化的资源连接布局，将是今后企业必须踏上的路，国际观的格局也将建立起来。

通过文化连接与资源整合，世界经济很可能呈现出这样的未来图景：随着企业全球资源整合能力的增强，跨国企业将成为全球化的主体，政治也将参与其中，文化和企业文化将成为一种战略手段。一些小的主权国家在许多领域会逐渐退居次要地位。企业文化将在文化领域不断挑战民族文化，并取得文化发展的强势地位。或是出于企业战略的需要，企业文化逐步把民族文化融入到自己的发展体系之中。到那时，世界格局将发生变化，全球化将由"春秋时代"向"战国时代"过渡，而在这个过渡中经济竞争将是主导性力量，文化和政治将渗透其中。因此在全球化的中后期，大型企业的文化战略将引领经济发展和政治运作的方向，成为全球化时代的主要竞争方式。

总之，经济运作的主体是企业。优秀的企业文化不仅对内具有构建企业凝聚力的功能，对外也是丰富企业资源内涵、获取市场价值的经营方法。由于企业在全球化发展过程中具有凝集力的需要和品牌竞争的需要，必然引起巨头对文化价值的高度重视，从而加大文化对资源的连接力度，引领全球文化战略时代的到来。

众包协作模式：高效产业链

众包协作，就是通过互联网平台或线下平台，把本来应该由企业员工做的事情，外包给不特定的大众去做。如大家熟悉的搜狗打字系统，有 19 000 多个风格不同的界面，就是通过互联网外包给网民去完成的。如果靠自己的员工，不仅周期太长，而且很难完成。又如人人猎头公司，不养专职猎头人员，通过互联网连接，让所有的人都成为他的猎头人员，为他猎取人才，一旦成交即给予报酬。这是一种十分可怕的商业模式。

众包模式逐渐深入我们的生活：更多的企业利用互联网将工作分配出去，发现创意或解决技术问题；更多的用户愿意利用自己的闲散时间做一些力所能及的事，收取小额报酬或者不计报酬。众包模式主要目的是为了获得协同效应，打造高效产业链，否则该策略就难以达成理想效果。

1. 从外包到众包

众包一词诞生于 2006 年，但其所描述的商业实践却早已存在。互联网的出现导致大众沟通成本大幅降低，是现代意义上的众包活动成为可能的直接原因。2005 年先后出现的 Web 2.0 与威客（Witkey）理念，以及近十年来大量的用户生成内容（UGC）网站蓬勃发展，都可以理解为众包模式的具体表现。

在诸如维基百科或是 YouTube 这样的 UGC 网站中，企业、组织的核心价值几乎完全来自用户进行的价值创造，而且不产生任何直接成本。这种模式的成立有一个重要基础，那就是人们开始把创造当做一种娱乐，并享受因此带来的自我价值实现。如今，越来越多的传统企业正在互联网领域之外复制这种廉价的价值创造模式，并不断取得成功。

值得注意的是，众包与传统的企业外包（outsourcing）行为有着根本的区别。

在外包过程中，出于降低成本的考虑，企业将非核心业务委派给外部的专业公司，外包业务存在明确的承包方。最好的例子就是耐克，这个世界知名的运动品牌居然没有一家属于自己的工厂，从产品生产、包装、运输到销售，完全依靠外包。微软、IBM 等软件巨头，如今也只专注于核心模块的研发，更多的开发环节早已外包给了许多中小型的软件公司。

而采用众包模式的企业，会将一些核心业务，比如重要产品的设计，或是关键技术的开发，委托给并不明确的个体。与外包相比，众包通常能够节省更多的企业成本。更重要的是，众包能够带来企业自身资源无法产生的核心顾客价值，以及全新的营销理念。

如果说外包仅仅模糊了价值创造过程中的企业边界，那么众包就彻底打破了企业与环境、生产者与消费者、制造与销售等不同领域间的障碍。众包模式对企业的帮助，绝非仅限于其在价值创造中的作用。随着互联网与 Web 2.0 模式作为今天商业基础设施地位的确立，现代企业正面临一个前所未有的机会，那就是通过应用众包模式重塑营销管理，并以此创造、巩固自身在市场中的竞争优势。

随着新技术的出现和社会环境的演进，人们对商业活动的认识也在不断加深。2004 年，美国市场营销协会将市场营销（marketing）重新定义为创造、传播、传递顾客价值，以及管理顾客关系的一系列过程。虽然到目前为止，包括杰夫·豪在内的倡导者对众包模式的解读均只停留在价值创造层面，但实际上，在营销管理中的任何一个环节，众包都可以发挥重要作用。

2. 来自大众的价值创造

众包模式对企业价值创造的帮助已无需多言。传统企业所有的协作都在组织内完成，而我们未来会跨组织边界协作。

众包模式中企业价值的创造，有两种主要途径。一是类似 iStockphoto 或 YouTube，提供一个供用户交流分享创作内容的平台，并通过这些内容产生直接销售或广告收入。二是通过采纳爱好者的产品设计和改进建议，直接将用户贡献转化为产品价值的一部分。当采用第一种方式时，企业同时为内容贡献者提供了用户价值，比如图片、视频的在线存储和管理功能。此时，用户并不苛求企业对自己创造的内容提供额外报酬。而第二种途径中，虽然业余爱好者提供解决方案的部分动机来自自我价值实现的需要，但企业通常会为价值创造者提供一定的奖励。

进入 2015 年，众包模式的发展在个别行业中已经趋于成熟。在出行行业中，国外比较出名的 Uber 打车，在某种程度上解决了中产阶级的自由职业理想。在生活服务行业中，国内有名的人人快递以其独特的性质和创新性模式赢得了用户喜爱，其以物流为切口塑造了一种新的分享经济和生活状态。如果众包模式下产生大量自由工作的机会，那么通过各种"兼职"来实现稳定的生活，会不会成为更多人的选择呢？

随着现代生活节奏的加快，许多人平时工作繁忙，有些事情不想亲自去办理或者没有时间去办理。比如想买票时没时间排队，想吃美食却不想出门，想送礼物给家人或是朋友却没有时间。正是这些在我们生活中的痛点和细节，让人人快递为首的众包模式应运而生。

【案例】人人快递

人人快递作为众包模式在物流与生活服务领域的先行者，已经取得了较好的成就。人人快递已经形成了众包服务全套的服务标准及管控体系。同时针对众包模式下人们最担心的安全问题，人人快递也形成完善的信用体系来逐步解决。在人人快递平台的用户都有个人信用体系，这个诚信体系采用的是分值的形式。分值根据个人信息真实程度、订单完成情况、评价分值等多维度的因素来计算。当诚信分值达到系统设定的最低分时，会对用户的账号做出关停发货权限、关停接单功能等处罚。

截至目前，人人快递已在全国近 20 个城市设立了分公司、130 个大中城市建立了运营中心，月均订单量达到 10 万，月交易单量突破 100 万，日交易量达到 200 万元，实现了创造 1100 万元服务消费和 1.5 亿元～2.5 亿元商品消费的几何式增长。

我们每一个人都是独立的移动互联用户，我们的生活正在潜移默化地改变着。当我们想要吃某家老店的特色美食时，只需打开人人快递 app 填写"带购"要求，自由快递人就能把美食送到我们手中。当我们要出发去某地时，不用在路边等待出租车，只需在 Uber 预约一辆轿车，说不准还能偶遇某知名企业的 CEO。

当然，还有很多行业众包模式是空白的，例如团购、票务、装修、美业、住宿、婚庆、健康、教育等行业，将会是新的发展契机。未来，众包模式必将改变我们的生活方式。

3. 社会化的价值传播

迄今为止，众包模式最为人忽视的一点，就是其在顾客价值传播过程中发挥的作用。让我们重新审视一下维基百科这个众包的典型例子。

【案例】维基百科的成功模式

维基百科创始人吉米·威尔士曾经创办过一个由专家编写的百科全书项目 Nupedia，但这个严格采用同行评审体系的项目，在几个月时间里只完成了十几个词条的编写。而当威尔士改用维基方式，允许一般大众为百科全书贡献内容后，新诞生的维基百科网站在 1 年时间里就创建了 1.5 万个词条，访问量也大幅增长。

早期维基百科获得迅速成功的一个重要原因，就在于其价值传播途径的自我复制性。不少百科全书词条的贡献者，都会与同事、朋友分享这个很酷的新网站，或是炫耀自己创建的词条。通过把用户提交内容直接、毫无删节地吸收成为自身一部分，维基百科获得了内容贡献者的认同与归属感，而后者又自然成为维基百科的代言人与传播工具。

尽管用户成为产品推广者的例子并不鲜见，但在众包模式中，当用户以产品价值创造者的姿态出现时，其推广产品的热情与可信度，将不可同日而语。

互联网的发展促成众包市场的繁荣，这是技术创新带来商业变革的又一次体现。通过众包，企业可以发现用户潜在需求，通过用户创造、传播价值，并让用户紧密围绕在自己周围。如何结合自身情况，灵活拆解运用众包模式为企业提供的种种武器，是值得每一位企业 CEO 认真思考的事。

网络企业模式：打造轻公司

我国近几年诞生了一批规模小但利润高的新生企业，正在挑战传统行业里那些"身材"臃肿、人员众多、成本高昂的企业。他们身小力单，资金和规模都不大，但其业务发展速度和利润水平却相当引人瞩目。究其原因，我们发现这类公司没有工厂，没有工人，没有实体店，甚至没有销售人员，仅仅依靠抢眼的品牌宣传抓住客户，靠完善的供应链系统连接上下游资源。

这类新生企业不是传统制造厂商，不是互联网公司，只是数据处理中心，把虚拟经营、供应链、电子商务和呼叫中心等成熟的模式有机地集成到一起。对于这样一个"新的物种"，企业界给出了一个最为精准的定位——"轻公司"。

1. 轻公司的"重头戏"

轻公司最大的重头戏是有效连接资源、整合资源，成为产业链条上的控制者。它们成功的最大秘诀，就是企业将非主要业务"外包"，企业内只保留最核心的业务部分，以专注于自己的核心能力。这种"小而精"的连接策略，使企业通过与产业链上下游有着业务"外包"关系的企业连成增值合作伙伴，并因此获得比自己独立经营全部业务更大的能量。

轻公司对资源的连接策略，是两条链子合并运行的。一条是"资源—管理—绩效"的价值链，另一条是"顾客—管理—资源"的创意链。两条链子的聚合，本质上就是企业连接力向外扩张和向内聚集的无缝对接。参见图7-1。

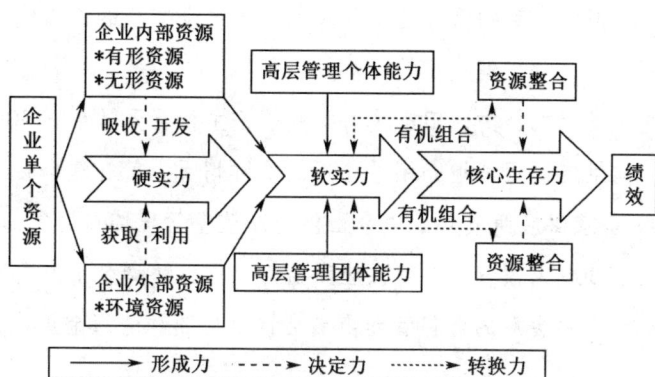

图7-1 企业资源连接过程

因此，轻公司的连接策略，集中体现在各利益主体之间的协同合作上。企业价值链的分解缩短应该成为一种经营战略，多家企业在一个完整的价值链中，各自选取能发挥自己最大比较优势的环节，携手合作，共同完成价值链的全过程，从而"用更少得更多"。价值链的分解缩短能保证企业获得最大的投入产出比。同时企业要注意加强内部资源配置的合理化，统一使用所有资源，并注意各部门、各环节的协调一致，以此加强资源的利用效率，减少企业内部的不经济。

【案例】"轻公司"模式让金正化危为机

2004年，金正公司原董事长涉嫌挪用巨额资金而被捕，致使金正一夜入冬，管理混乱。金正当时共欠下货款 2.7 亿元人民币，300 多家供应商轮番前来讨债，企业陷入百病纠结的危险境地。

（1）管理资源整合

面对危机，金正提出了解决方案。2004 年，金正高层召开了一次具有特殊意义的会议——成立了金正新的管理班子，新班子还吸纳了一些金正主要供应商和经销商的代表。会议决定召回集团董事、上海分公司经理田家俊主持大局。为了避免供应商一哄而上，围攻金正，田家俊主动出击，会同银行、法院，将公司的部分不动产、非流动库存进行保护性查封。公司是保住了，但供应商的债务还是要还的。手中没有钱的田家俊决定召开全体供应商大会，寻求解决问题的办法。

面对内忧外患的压力，田家俊力排众议，主持召开了金正 300 多家供应商大会，向供应商坦诚地介绍了公司的实际情况。就在这个会上，田家俊组织 300 多家供应商成立了"金正供应商监督管理委员会"。这个管理委员会代表了 300 家债权人，请供应商监督企业，协调金正公司进行债务处理。这次大会和会后的监督管理委员会让供应商和珠海金正化敌为友，团结一致。

点评：第一步走得很好，不仅对企业单个资源实施整合，而且以人为载体，在对企业自身资源认识的基础上，对各种资源的识别、消化，对资源的进一步优化，将已有的和吸收的、内部的和外部的打乱重组，并使之发挥更大效用，以重构企业竞争力。

（2）财务资源整合

虽然金正和供应商达成一致，成立了监督委员会，但是恢复生产却面临资金困境。为了解决资金问题，田家俊想向供应商借钱。欠钱不还，还要借钱，田家俊解释说，"你欠我的钱凭啥还叫我给你钱，挣了钱再还我呢？用我的钱去挣钱还我的钱？但是事实上，没有你的钱挣钱，就还不了你的钱。反过来，企业有可能垮下去以后你将什么也看不见。我提供平台，提供机会，你来投资。"思路清晰后，他决定先攻破一个供应商的心理防线，于是找到了毛绪兵。毛绪兵在金正还欠自己货款 400 万元的情况下，又借给了金正 260 万元。

田家俊的具体做法是，给毛绪兵一个专用账号，让毛绪兵管理新借给金正的资金。当资金变成产品以后，就管住产品。开始是资金，后来变成产品，仍由毛绪兵管。金正收到货款给了毛绪兵，毛绪兵再发货。金正对销售代理商来讲，是先收钱后发货，金正的货款其实是收在毛绪兵的账号上，毛绪兵再把货发出去。这样，金正的资金和物流就流动起来了。实际上，毛绪兵很清楚金正陷入危机的真正原因，而且田家俊的借钱方案听起来合情合理，充分考虑到了供应商的权利和利益。此后其他供应商也开始投资，不然如何恢复生产？什么时候债务才能清还？于是，越来越多的供应商加入投资队伍之中。

点评：把多家公司的核心资源集中起来为我所用，正是连接思维的宗旨所在。其结果是使现代企业的组织结构与运作模式发生了根本变化。企业组织结构将更具开放性和灵活性，其内向配置的核心业务与外向配置的业务紧密相连，形成一个关系网络。谁拥有连接力，谁就掌握主导权。

（3）供应链资源整合

资金是有了，但此时金正的生产线已经被查封半年，处于瘫痪状态，金正如何才能恢复生产呢？瘫痪了半年的金正生产线，一时要恢复生产并不容易。如果按部就班地去做，恢复生产的时间就会拖下去。这样的话，不仅投了钱的供应商不答应，而且金正可能失去市场，田家俊的努力将付之东流。这时田家俊又想出一招"品牌输出"：金正公司不能生产，就叫别人来生产，由别的厂商替金正加工，金正给他们品牌承包。

金正选择了佳彩公司。当时开发部、销售部、生产管理部、品质部，全部开赴佳彩，允许他们生产和销售。佳彩名义上属于金正的 DVD 事业部，但除了品牌联系外，双方互不干涉。金正从中赚取品牌费用和销售分成。品牌输出短短的一年时间，供应商的欠款不仅全部收回，金正的生产也开始恢复正常运转。这时，金正又把自己的品牌收了回来。

点评：品牌输出、贴牌生产，企业的运作和管理也将由"控制导向"转为"利用导向"。在出现危机时，整合更是企业"保驾护航"的坚实利器。按照新木桶原理，企业缺什么就要去整合什么，最缺乏的就是最关键的。整合力愈来愈成为企业生存力的核心和关键。

（4）内外一体化整合

2007 年 4 月，金正总裁田家俊表示，金正公司将致力于建设三维立体经济，包括纵向的上游资源经济、中游发展经济、下游市场经济，横向的品牌资产运作、建立新科技合作伙伴战略关系等，以此提升公司价值。

通过全面整合市场，从产品开发、设计、采购、生产、销售等各个环节，将"轻公司"创新实效的精神贯穿整个价值链中。运用"借船出海、精耕细作、快人一步"的三大策略，成功进行了资源整合、品牌塑造、市场推广、整合传播等。即：借船出海——点燃"真金"之火，整合有限的资源，将"真金不怕火炼"的品牌形象最大化传播。精耕细作——细分区域市场，以打造样板市场的手法将市场分块吃，并高效进行市场推广。快人一步——在业界率先提出"成熟"概念，引领行业消费观念，然后通过整合营销传播，在大江南北结出硕果累累的成熟"金苹果"。

点评：转型"轻公司"，懂得充分运用内外资源的有效连接，用最低的营销成本让自己的产品被客户认知，足不出户，却可以做全世界的买卖。

2. 轻公司的"轻法则"

法则一：寻求外包

在传统的观念看来，外包是企业不得已而求其次的做法。在网络时代，外包却成为企业发展必然的趋势。企业把设计、生产、销售等环节剥离出来，只负责价值含量最高的品牌经营，从而确保企业能够将精力集中做好最重要的环节。

渠道公司早就有将内部职能（比如客户服务）外包的做法。如今，轻公司正进一步推动这种转变。它们开始精心打理外部网络，使之辅助甚至完全替换曾经的内部职能活动。改造之一体现在外包范围扩大了：公司以前也许会在某些设计细节上给认识的供应商提要求，但现在会向不认识的第三方征求自己想象不到的想法。价值创造活动正逐渐脱离公司的直接控制和组织界限约束，将公司进行彻底改造。

市场营销不再只是创作由内部管理的对外信息，而是扩展到由消费者自己创作并宣传信息。旅游景点的市场营销人员请消费者提交自己旅行的视频，并在社交媒体上推广。信息技术过去侧重企业内部系统的管理，现在开始增加对外部社交和社区网络的支持力度。T 恤衫生产商 Threadless 不仅协调自己与客户的沟通，还协调客户之间的互动，让客户合作开发最佳产品设计。

公司的人力资源职能越来越注重利用网络中的信息提升内部才能。企业软件巨头 SAP 将本公司开发人员交流问题和解决方案的内部系统开放给外部生态系统——合作伙伴和合作伙伴客户的开发人员。在更广阔的网络中分享信息加强了产品研发，提高了生产率，还减少了支持成本。

财务过去用内部私人账户记录活动，现在用公开的，或者说"分布式"的账簿记录一些交易。诸如 IBM、英特尔和摩根大通的组织正采用区块链（blockchain）技术，用户通过批准后可安全分享并审查分类账。用这种方式查看账簿既发掘了大众的智慧，还表明了组织值得信赖。

法则二：寻求合作伙伴

21 世纪，做"大而全"的企业难以获得优势，"小而精"的公司反而容易形成核心竞争力。在产业链不断细分的时代，能够专注于自己的核心能力，并与产业链上下游企业结成合作关系的企业，将获得远比自己独立经营大得多的能量。

温州是中国私营经济最发达的地区之一，在这里，"分工"与"合作"的模式最为典型。从"一村一品""一乡一业"的"块状经济"发展至今，温州已经形成具有相当规模的五大产业集群：在国内占领低压电器33%市场的低压电器产业集群，占领国内 20%皮鞋市场的鞋革产业集群，占领国内西服市场 10%的服装产业集群，占领打火机国内市场 95%、国际市场 70%的打火机产业集群，以及占领国内眼镜市场 80%的眼镜产业集群。

这种既分工又合作的产业集群，使得温州的企业能够比其他地区的企业具有更高的生产效率并取得成本领先优势；具有更快的创新速度并获得技术水平和质量水平的提高；进行更细化的分工和社会协作，使得温州的产业具有难以模仿的竞争优势。

法则三：充分运用互联网

互联网绝对是 20 世纪最伟大的发明，Email、即时通信等工具，提高了人们的沟通效率。搜索引擎的出现，为人们查找信息提供了广泛的信息源与过滤器。BBS、门户、购物等网站的出现，为人们创造了信息阅读、交流、购物的新渠道。

轻公司里的员工可能分布在全国、甚至世界各地，利用互联网实现 SOHO 的办公方式，公司的运营成本降到最低。如果你对这一切还有疑问，看看淘宝、eBay 上面的出色卖家吧。他们减少了传统销售渠道的成本，节省了庞大的公司运营开支，过得比一些传统的销售商好很多。

震撼于轻公司的快速发展，许多传统行业的公司也准备变革。海尔集团总裁杨绵绵声称，海尔的目标是"把公司做小、把客户做大"，表明了海尔向轻公司转型的决心。继而推出了由海尔独创的"人单合一"全流程模式，实现了人与市场的整合连接。面对激烈竞争，企业要做的不是把自己变得更壮更庞大，相反，学会放下包袱，轻装上阵，或许才是更好的获胜之道。

第八章　连接员工：激活创意精英

在智力劳动领域，这种趋势已经看得很明白了。比如互联网创业、IT行业、投行资管领域、律师、会计师、设计师等，没有连接"人才"的理念，不搞平台化和生态化组织，几乎做不成大公司，历史上做大了的公司也已经很难再 hold 住。

人才重于组织。组织适应人才的需要，而不是人才适应组织的需要。原来的经典管理逻辑是：战略—组织—人力资源，战略决定组织，组织跟随战略，人力资源适配组织。现在看来，需要建立一种新的管理逻辑：人才动起来，组织跟随人才，组织适配人才，战略和组织都围绕人才转。具体做法如下。

更新"管理"概念，致力于人才最大价值和最大效能的发现和发挥。组织围着人才转。

不要局限于员工，而是全社会范围用才，从注重"为我所有"转向"为我所用"，建立开放的人才生态圈。如小米的粉丝参与产品设计、罗辑思维的会员营销、碧桂园的全员销售、行业私董会、梧桐部落的部落分享会等。

基于大数据进行人力资源管理。

应用人力资源管理软件记录和积累员工个性数据，依据数据对员工进行个性化管理。例如谷歌的 HR 在内部建立了多个数据收集平台，借此观察员工的工作习惯、日常行为等，据以实施人力资源管理举措。对员工的考核、薪酬、福利和培训，都依据数据给予个性化对待。

人力资源这门学科的基础假设正在发生改变，从人力资源管理到智力资本开发。

创客模式：创意者经济

电影《天下无贼》有句经典台词，"21 世纪什么最贵？人才。"既然学术界和企业界都知道人才是企业之本，为何人才问题依然是企业的头等问题？

在互联网时代，重构企业战略成长，内在的推动力还是组织与人。未来的组织发展，是聚集一群聪明的创意精英（smart creative），营造合适的氛围和支持环境，充分发挥他们的创造力，快速感知客户的需求，愉快地创造相应的产品和服务。

在创意革命的"心"时代，最有价值的人，是以创造力、洞察力、对客户的感知力为核心特征的"创客"。创客最主要的驱动力是创造带来的成就感和社会价值，"个体自驱动"是他们的特征。一类创客是爱好者（maker），也称情怀型创客；另一类创客是经营者（entrepreneur），即经营型创客。创客型员工应该是在线不在册，即"不为我所有，但为我所用"，形成开放的人力资源体系。

这个时候他们最需要的不是激励，而是赋能，也就是提供他们能更高效创造的环境和工具。虽然未来的组织会演变成什么样现在还难说清楚，但未来组织最重要的功能已经明晰，就是赋能。企业只负责搭建平台，让员工自己决定生产，发挥个体的积极性，当然这里需有风险控制。

1. 激活创客

传统组织的科层管理体制无法真正实现量化的产出并给予相应的回报，这种情况下能不能做一些改变？有两种假设：第一个假设，为什么不是干一分的事付一分的钱，为什么我们要用这么大的薪酬包买他的绩效？第二个假设，为什么不是顾客给钱，公司与员工分呢？这就变成了合作关系。

传统激励体制是管理机制，而创客激励体制是治理机制。要做治理机制的转变，首先要在企业里划分出若干经营体，越下沉越好。

什么是经营体？如果一个部门拥有财权、人权和事权，它实际上是一个公司；如果一个员工拥有三权，相当于员工就是一个公司。所以现在流行让人人都成为自己的 CEO，把经营体的责权利下沉到每个创客的身上，也是企业转型要做的第一步。

企业中经营体基本有四种形式：（1）基于原来企业的构架，为原来的部门赋予财权、人权和事权；（2）保留了原有的组织构架，但通过虚拟的无边界组织形成经营体；（3）没有正式的组织构架，直接是极致扁平化；（4）基于原有的组织构架做裂变，让经营体在内部自己长出来。

经营体架构纵向上由传统的正三角形变成倒三角形，横向上集中作战转型为分散作战。下级变成了上级，原来的管理者是下命令的，现在变成支持者。

【案例】海尔"员工创客化"的探索

海尔正由"制造产品的加速器"转变为"孵化创客的加速器"。如今海尔已有 2.1 万名员工进入各类小微企业，要通过"人单合一"这一管理模式的创新，实现"人人创客""人人小微"，让每个人成为自己的 CEO。例如，海尔把所有为企业服务的人员分为"在线"和"在册"。在册是指企业的现有员工，在线则是互联网连接的外部非正式员工。海尔最终要将员工全部上线。基于互联网技术，把企业资源数据化并放在平台上，使其在线化。

几年前，海尔开启了互联网思维下的"三化改革"，即"企业平台化、员工创客化、用户个性化"。海尔旗下近千个小微组织，开始了一场内部竞赛运动，这就是"人单合一"这一新模式的体现。人就是员工，"单"表面是订单，本质是用户资源。人单合一，也就是把员工和他应该为用户创造的价值、面对的用户资源"合"在一起。

员工的定位改变、员工的换位、员工薪酬的来源——这是员工创客化要过的"三道坎"。未来，"创客薪酬"怎么定？张瑞敏说，就是根据达到目标就可以拿到相应的薪酬，包括两种：一种叫"超利分享"，超过的利润可以分享；再一种就是加入一定的股份，按照股份来分配。

今天，在海尔的云创平台上，已经孕育和孵化出一百多个"创客小微"。通过员工创客化，组织变成"平台"，主要功能转为给员工提供大展拳脚的天地，使原来企业内大量不掌握充分信息的员工变成明白人，成为创客。一线的创客们清楚地知道他们为满足市场需求，应该调动和整合哪些资源。平台型企业的领导则不会用自己的意志去替代业务单元的决策，而是积极释放每个员工解决用户需求的主动性。

平台给员工制造连接资源的机会，让员工无边界协作，解决用户需求。员工则化身"阿米巴虫"，捕捉个性化、善变的用户需求，创造长尾市场机会。不管在线还是在册，简单透明的创业文化，便于员工在价值观上达成统一，并聚焦在直接为用户提供价值上。

2. 激励模式

模式一：现货交易模式（外包关系）

外包实际是让经营体之间相互交易，原来是部门协作，现在是经营体之间做生意。这里最大的问题是定价问题。

市场上有三个议价模式，第一个是市场议价，价格通过上下游经营体之间的议价产生；第二个叫权威议价，就是价格按照一定的固定算法，并通过经营体之上的权威进行调整；第三个是一种混合定价，前台接触到用户的部门按市场议价，后台的支持部门依靠权威定价。

这种模式可以激活经营型创客，因为允许员工"做生意"了。员工能够从满足用户需求中获得收益，他们在市场信号的"勾引"下做任何有利可图的事情，与任何创客进行合作。

模式二：投资人模式（合伙人关系）

投资人模式是企业参股，与创客一起做大项目后分股。这里涉及的是怎么估值的问题。一种是权威估值，即每个人进入团队后，"占股比例"不是协议出来的，而是有个官方权威制定的规则。一般来说，按照行政职务、技术职务、项目经验等要素来为员工估值，确定进入项目之后的责权利。另一种是市场估值，有的企业，人力资产的估值并不是清晰的，这时就需要造一个"一级市场"，让员工和其他人公平出价。

这种适合激活情怀型创客。情怀型创客的追求是"认同"，他们为了收集"点赞"，愿意将自己的才能运用到任何可能的地方，与任何创客进行合作。

那么两种模式，用哪种模式激活内部的创客？

可以从三个标准来判断。

第一，输入。人力资产是否具有价值性和稀缺性？人力资产成熟与否，是否需要持续投资？是否有政策进行人才锁定（金手铐）？

第二，过程。协作的过程是否具有可分离性，即是否能够分离出各自创造的价值？

第三、输出。用户端的容错性如何？是面对的个人端用户还是企业端用户？

3. 孵化与收割

孵化机制有两种，一种是汇集创客资源，另一种是打造超级创客。

孵化机制一：汇集创客资源

在一个企业里面，如果要把一个项目做出来，需要两部分资源。第一部分是创客资源，第二部分是创客。创客首先要有资源，而且要有足够多的创客去创建和连接这些资源，才能孵化出一个个的项目。

哪些是创客资源？供给端的生产资源和需求端的用户资源。供给端上，形成多种资源的协同，降低庞大的交易成本。批量采购创客资源，可以获得价格优势。需求端有品牌资源和用户资源。

还有一个重要的资源是算法。算法是最优效率获取和配置资源的方法，能协调内外部的资源，把业务做起来。将资源调配在合理的地方，进行合理的使用，把业务做出效率。

孵化机制二：打造超级创客

所有的资源都是零散的，散落在企业的各个地方。有一个资源是所有资源的中心，只要它动，整个企业的资源都能动起来。甚至内部信息系统不发达的情况下，它能够帮你进行串联，这种人叫创客。

在企业里面，先是人和人进行交流，隐性知识被编码为显性知识。这些显性知识组合在一起形成知识系统，接触到的人内化到自己的行为当中，完成一个循环。从个人层面到团队层面再到组织层面，螺旋上升，就形成一个企业内部的组织知识和组织能力。没有任何一个人走了之后能带走组织能力。

一旦完成这个螺旋转化，一个本不怎么样的人进入到这样的组织之后，好像也变得强大了。因为他进去之后会进入很正规的体系，而且被打磨多年，被证明是最有效率的。这就是创客产生的过程。这给我们的启示如下。

首先，无论线上线下、虚拟的实景的，只要能够形成知识的交互，都可以是一个场，人力资源部或者企业的运营部门在这时候很大的作用是制造若干知识交互的场合。

其次，一个企业要打造创客平台，一定要有这样的孵化机制，或者人才折腾体系，把人才折腾出来。

收割机制：广种亦广收。

收割机制就是企业内部孵化了项目之后，怎么从项目身上把钱收回来的机制。

有两类资源，一类是稀缺资源，可以有限出让，包括土地、资金，人力等。一类资源是非稀缺资源，一旦产生出来就可以无限地提供给创客们，边际成本为零，包括用户、技术、算法，云端等。

还有两种收钱方式。一种是投资式，企业与创客之间形成 "合伙人关系"，企业将资源的投入变成商业项目入股，通过项目的增值获得股权溢价。另一种是收费式，企业与创客之间形成 "外包关系"，企业通过向创业项目提供资源，收取资源的费用。

资源和收费方式可以组合成四种收割机制。

第一种，传统的风投模式。企业把稀缺资源投进去之后，要求折成股份。

第二种，传统的交易模式。企业提供场地，创客支付场地费用。

第三种，3D 打印机模式。企业投入非稀缺资源之后，要求占股。（3D打印机最珍贵的是数据，数据可以无限复制）

第四种，印钞机模式。企业出让非稀缺资源仅收一次费用，是典型卖流量的方式。

合伙人模式：事业金手铐

无论是轻巧灵动的创业企业，还是声名显赫的传统名企，"合伙人机制"已经成了互联网时代的热点。通过合伙人团队建设，实现集体决策。而随着竞争环境的变化和升级发展的需求，仅仅依靠老板一个人的大脑，已不足以应对。引进合伙人就变得很有必要了。

小米合伙人：小米雷军除了互联网思维外，还有他独特的人才秘诀——培养了一批事业合伙人。不需要 KPI，就能组织平扁化，提高运营效率。

华为合伙人：华为的秘诀是，实行合伙人管理模式超过 10 年，8.6 万名核心人才成为公司事业合伙人。2015 年开始发展全球合伙人持有公司的虚拟股份。

万科合伙人：2014 年 5 月第一批 1320 名核心员工成为公司的事业合伙人。万科总裁郁亮说："职业经理人制度已死，事业合伙人制度是必然趋势！"

这是合伙人的时代，以"利益共享"为核心的合伙人制度在国内房地产行业风生水起。继房企龙头万科推出事业合伙人与项目跟投制度后，碧桂园、龙湖、绿地等大型房企纷纷提出各自的合伙人管理模式，培养核心人才，与公司形成利益、事业、命运共同体。

1. 什么是事业合伙人

做企业，必须抓好核心团队建设。核心骨干团队必须成为事业合伙人，要与他们建立起事业共同体，为他们打造事业金手铐，形成意志共同体、利益共同体、风险共同体。而其中利益共同体是最为核心的。

合伙人=公司党组织。合伙人=公司先锋队。合伙人=代表先进的文化、先进生产力、公司的利益。合伙人=公司利润。

把合伙人机制作为激励新手段，对企业有着很多积极作用。通过合伙人品牌管理激励系统，能培养核心员工的事业心和主人翁精神，能使公司制度和文化有效落地，能让团队效率至少提升 20%。必须让核心员工操心，让核心团队操心，才能让老板放心。

而对员工而言，可创造拥有感，凝聚合作伙伴。没有人会用心擦拭一辆租来的车，合伙人机制最大的特点就是创造拥有感。当然这个拥有感不是法律上的拥有概念，这种拥有感主要是参与企业经营的权利，在企业内部为人才创造创业的条件，变为别人打工为"为自己打工"。

当人才参与公司经营决策、融入创业合伙人团队时，才有可能真正找到创业的感觉。就如同小米员工对加班的评论："如果你找一份工作，天天加班当然是不行的。但如果是创业就不同了，创业是一种生活方式，你在为自己而活。"

2. 合伙人管理机制

表面上是管理方式的变革，本质上是人才观念的变革。

合伙人管理模式必须将利益分配和福利待遇、晋升发展与合伙人品牌分账户挂钩，建立科学的价值创造和利益分配体系。将短期利益和长期利益（晋升、加薪、分红、虚拟股份激励等）结合起来，培养员工合伙人精神，提升组织竞争力。

项目阿米巴跟投合伙人

万科模式实行分公司核心团队跟投项目，员工出资比例控制在 5%，不同级别员工投资限额。这种模式属于临时投资型合伙，项目结束，合伙人团队解散。所以激励效果有限，容易造成员工投机行为。

干股分红合伙人

对于高级人才奖励合伙人股份，包括研发类骨干人才、销售类骨干人才、核心管理骨干人才等。这种操作模式只聚焦高层员工，对于中层和基础骨干的激励不足，失败率很高，激励效果有限。

小湿股合伙人

公司分配一定额度的分红权，作为合伙人奖金池，让核心员工出资购买分红权，员工离开后合伙人股份自动失效。这种操作模式容易造成员工坐享其成、搭便车，造成内部不公平。所以激励效果有限，失败率最高。

连锁加盟合伙人

有连锁药店或医院、连锁幼儿园、连锁服装店、连锁地产中介、连锁培训机构。店长与核心骨干员工成为公司合伙人，公司为优秀的合伙人设立合伙人虚拟股份或创业基金，有利于公司留住人才和公司业务扩张。

品牌资源平台合伙人

分公司、事业部在做合伙人变革，核心员工和管理团队成为事业合伙人。公司作为平台，提供品牌和资金支持，统一战略方向，合伙人与公司共担风险，共享利益。

销售渠道合伙人

电商时代，大区域代理商必死，碎片市场垂直渠道代理才是出路。必须让核心销售人才，如大区销售经理作为公司区域合伙人，取代大区代理商，直接服务碎片垂直市场客户，让核心销售人才成为合伙人，让销售人才在公司平台创业，成为小老板，公司做大老板。这是变革的必然趋势，能引爆员工动力，公司业绩可以实现倍增。

全员持股合伙人

员工不必出资，但必须出力，采取华为工分制的优化工具——品牌分衡量员工的业绩贡献和文化贡献，根据贡献品牌分奖励合伙人虚拟股份。

华为 8.6 万名合伙人，以虚拟合伙人股权模式，凝聚优秀的人，构建起华为强大的组织竞争力。合伙人品牌分在华为工分制度的基础上升级，适合中国成长型公司操作，是目前最先进的操作模式之一。

以合伙人运营管理系统为核心，将所有核心骨干都视为公司事业的合伙人，对每个人的价值贡献进行量化，用品牌分来衡量员工对公司的业绩贡献和文化贡献，建立合伙人品牌分账户，建立虚拟合伙人股份机制，对员工绩效实行数据化管理。使员工与公司形成利益共同体、事业共同体、命运共同体，彻底解决员工打工心态问题，让员工为自己合伙人事业奋斗。

3. 万科合伙人机制的成功模板

合伙人制度真正有效解决了依靠流程、绩效 360 互评、财务审计等依旧无法解决的部门协同问题。因为合伙人制度的出现，共同的目标、相互的利益，把各部门、各员工与项目紧紧捆绑在一起。但要想真正做好合伙人机制其实不容易，阿里巴巴、万科这样的企业也都走过不一样的弯路。简单总结一下，做好合伙人制度的几大要点如下。

（1）做好跟投规则，团队被激活

实质就是谁能投、投多少。不同的企业跟投规则都会不太一样，但是实施好跟投规则，员工就会从原来接受任务演变为积极寻找解决方案。在合伙人制度下，合伙人和股东的利益是一致的，该制度将真正提升和完善公司的运营效率。

同时好的跟投规则还会让员工的跨部门、跨公司沟通变得无比顺畅，从中也不会扯皮忽悠，大家共同寻找最优的解决方案。

最重要的就是跟投做好之后，人人都将变成企业的"营销人员"，因为所有人都会认为自己是公司/项目的主人，所以自然会做好所有工作。

（2）合伙人文化机制

很多管理者认为做好合伙人制度就完事儿了，其实不然。合伙人文化才是合伙人制度的内核。

举个例子。万科的事业合伙人制度，在最近这几年几乎把万科的文化都给颠覆了。原来是精英主义的万科公司，现在就是一家去精英主义的企业。

万科的合伙人文化就是，信任文化+协同文化+去金字塔化。首先是信任文化，合伙人制度要有"背靠背的信任"。第二是建立协同性，基于利益的一致才有互相支持配合的协同性。有了这些，万科才可以超越短期绩效，向成为健康组织的方向靠拢。对于万科来说，保持一种"失控"式的机敏和开放，是推动"事业合伙人"重大改革的全部理由和热情。

（3）接受阵痛

任何变革都会带来伤痛，合伙人制度也不例外。合伙人制度在推行的过程中一定会遇到不少阻力和困难，因为这项制度动了一部分人的奶酪。但是大家知道，往往某项变革让别人痛了，才说明变革有了效果，所以不必担心。接受阵痛，没有谁的奶酪是不能动的。有些变革动了某些人的奶酪，说明变革真的落到了实处。

（4）合伙人升级方向

沿着事业合伙人的思想，郁亮提出"事业合伙人2.0或者3.0版本"。

比如未来能否将项目跟投扩大化，将产业链上下游也变成合作伙伴，建立新型房地产生态系统。在他的设想中，如果施工单位也成为事业合伙人，偷工减料的问题是否就能从根源上得到杜绝，工程质量就可以得到保证？房地产本身是个资金密集型行业，如果买地时资金方面引入合伙人制度，成本也能大大减轻。这相当于将产业链的利益相关者也发展为事业合伙人。从一家公司出发，作为平台进行内部创新，创新最终结局是重构一个生态体系。

孵化器模式：创业者乐园

有这样一则"孵化器"的故事。

一个企业孵化专家、一个风险投资家和一个创业培训专家决定联合举办一场游泳比赛。他们进行了严格的分工：风险投资家负责提供资金，企业孵化专家负责修建游泳馆，创业培训专家负责挑选和培训运动员。几个月过去了，培训专家挑选的 10 位运动员经过严格考核，游泳理论知识都合格了，游泳馆也建好了，于是表演开始。只听一声枪响，10 个运动员一齐跳进了游泳池，结果个个往下沉，原来他们从未下过水。眼看就要出人命了，三个举办人却互相推诿，见死不救。培训专家说："我只管上课。"孵化专家说："我只管游泳池。"风险投资家说："我只关心回报。"结果九人淹死了，只有一人幸运地碰到了池边，活了下来。开总结会时，培训专家说："当时，我很想去救，但我不会游泳。"孵化专家说："我也很想救，但怕越权。"风险投资家说："我的理念是低成功，高回报。有风险是正常的，全世界风险投资平均成功率只有 7%，这次达到了 10%，我心足矣。"

几经争吵，大家达成了共识，找到了失败的根本原因。一是大家的合作只是简单的组合，不是有机的整合，没有通过优势整合形成整合优势。二是没有坚持以人为本的经营思想。于是他们决定运用组织创业理论，将企业孵化器、创业培训、风险投资及其他相关资源整合为一体。以批量培育创业家为手段，以批量生产企业为目标，联合成立一个公司，请那个没被淹死的运动员担任总经理。该公司的宗旨是：帮助有志者实现成为创业家的理想，为社会造就职业创业家。公司的广告词是：本公司只收贤才，带着脑袋就可进来。公司由我办，风险由我担，成功了给你股份和期权，股份多了你就当老板。由于该公司给人们展示了一个明确、稳定而富有魅力的愿景，人才蜂拥而至，生意红红火火。

那个公司就叫"企业家孵化器"。

1. 孵化器到底是什么

优秀人才是企业常青的基石，然而如何才能有效留住优秀人才？我们认为，在满足人才不断增长的正当需要之后，要与他们建立起事业共同体，为他们打造事业金手铐，形成意志共同体、利益共同体、风险共同体，而其中事业共同体是最为核心的。作为一个企业的领导者，只有建立起事业共同体，让优秀的人才都能把企业当做自己的事业来做，才能够真正留住优秀人才。

在这样一种理念的支持下，天九幸福集团创造了一个全新的商业模式——企业家孵化器。这是一种让员工当老板，批量培育创业者的组织创业模式。

从上述故事可以看出，企业家孵化器具有三个明显的特点。

一是人本优势。企业家孵化器的宗旨充分体现了以人为本的经营理念，可以最大限度地吸引人才，留住人才，调动人才，从而使企业具有旺盛的人气。

二是整合优势。企业家孵化器通过把企业孵化器、风险投资、创业培训、集团化管理等特征熔为一炉，进行优势整合，必然产生"1＋1>2"的整合优势。

三是双赢优势。企业家孵化器的利益模式是通过帮助员工创业来实现企业利益的，明显提高了创业效率和创业成功率。这种"小河有水大河满"的模式，与"锅里有碗里才有"的传统模式相比，更加符合个性化和人性化的世界潮流。

传统企业的经营模式基本是所有员工共同努力，为了一个目标共同奋斗，把一块蛋糕做大，然后给每个人分一点。而企业家孵化器却是这样：让每一个人都去做蛋糕，企业帮助他们做蛋糕，他们的蛋糕做成之后再分给企业一点。所以，孵化器越多，他们蛋糕做得越大，企业得到的也就越多。这些优势必然转化为经济优势，从而使孵化器获得良好回报。

通过实施企业家孵化器，天九幸福集团把员工个人的发展与整个企业的发展紧密结合起来，也把企业的发展建立在了员工个人充分发展的基础上。

2. 孵化器的运作机制

企业家孵化器既为被孵化者（员工）提供其成长所需的文化环境、工作环境与培育环境，亦为被孵化企业（员工所属团队）提供其发展所需要的投资模式、经营模式与管理模式。企业家孵化器在帮助创业方面具有以下机制的优势。

（1）组织创业

是什么因素可以促使这些企业和人才迅速发展呢?我们能不能找到新经济时代的创业模式?答案是肯定的，那就是组织创业。

组织创业，就是由政府或企业组织帮助个体创业，以降低创业成本、创业风险，提高创业效率和创业成功率的一种创业模式。时下风靡世界的企业孵化器和风险投资，就是这种创业模式的典型代表。有人把企业孵化器比做高科技企业的孕育者和加速器，把风险投资比做高科技企业的接生者和催化剂，我认为是十分贴切的。利用企业孵化器催生高新技术企业，借助风险投资实现企业腾飞，已成为新经济时代的创业规则。那种靠个体单打独斗、"自然分娩""多年媳妇熬成婆"式的传统创业模式，已远远不能适应合作竞争、快者生存的新经济时代。可以说，如果没有企业孵化器或风险投资的介入，创业者即使三头六臂，也不可能创造出上述奇迹。由此可见，组织创业是众创时代的加速器，也必将成为互联网时代创业模式的主流。

企业孵化器和风险投资虽然是实现组织创业的很好形式，但也存在一个明显的问题，就是没有把企业家的培育放在首位。毋庸置疑，企业家是企业的灵魂。一个人如果只有美的灵魂，没有好的体质，是次品；只有好的体质，没有美的灵魂，是废品。企业也是一样。企业孵化器和风险投资在为企业提供工作环境、资金、管理等"强身健体"方面发挥了巨大的作用，如果能在帮助企业"塑造灵魂"方面也发挥同样的作用，那就可以产生出更多的独角兽公司。

企业家孵化器与企业孵化器、风险投资模式的比较，见图8-1。

序号	比较项目	企业家孵化器	企业孵化器	风险投资
1	对象	有志成为企业家并具备一定经营管理素质的人才	高新技术企业或项目	有很大增长潜力的项目或企业
2	目的	1. 帮助有志者实现做企业家的理想 2. 为社会造就职业企业家 3. 在员工个体充分发展的基础上，实现企业价值增值	1. 促进科技成果转化 2. 振兴地区经济	1. 促进科技成果转化 2. 获得高额回报
3	运作方式	以市场为导向的企业化运作为主	享受政府资助的事业化运作为主	以市场为导向的企业化运作
4	投资风险	低	低	高
5	资源优势	1. 资金、人才、文化、品牌 2. 策划力、销售力、整合力、规范力 3. 培训、管理与信息体系	1. 物业及其服务 2. 享受政府优惠 3. 与政府的关系良好	1. 资金 2. 管理专家 3. 信息与关系网络
6	服务重点	1. 提供文化熏陶与精神激励 2. 提供创业及企业经营过程中所需的资金、品牌、网络、信息支持 3. 集中提供行政、人事、策划、财务、培训、诊断等管理服务 4. 配备经营管理专家在具体决策与经营过程中进行"传、帮、带"，将被孵化者"扶上马，送一程" 5. 提供理论培养、业务辅导、综合训练、互帮互学、诊断提高等系统培育服务	1. 以物业管理、办公服务为主 2. 提供少量的技术、管理、培训、咨询等服务如技术交易、项目申报、资金嫁接、内务代理、文体活动等 3. 提供引进机构等网络服务如信息检索、税务代理、风险投资、管理诊断、外协加工、教育培训等	1. 提供风险资金 2. 提供咨询服务 3. 参加董事会，参与重大决策
7	企业成活率	高	高	低
8	被孵企业文化	大同小异	差别较大	差别较大
9	对经营者激励措施	1. 精神激励 2. 与业绩挂钩的智力股份激励 3. 与业绩挂钩的股份期权激励	原始的股份激励	1. 原始股份 2. 其他

图8-1 比较对照表

（2）商业运作

企业家孵化器不是非赢利机构，而是一个完全市场化的企业。孵化行为不是政府行为，而是民间行为，是立足民办，争取官助。其本质上是一种民间风险投资行为，因此必须盈利，否则将失去商业生命力。然而怎么赚钱呢？

一是孵化过程就是一个办企业赚钱的过程，其间所赚利润绝大部分归孵化器。二是孵化过程中伴随着卖项目、卖企业、卖产权的资产经营，可以获得收益。三是毕业独立的企业所给的较大的股份回报。最主要的是实践也证明，企业家孵化器是能够获得良好回报的。综上所述，企业家孵化器是一种全新的组织创业模式。它的成功和推广，必将为新经济时代增添一个新亮点。

（3）职业训练

企业家孵化器是一所学用结合的特殊学校，拥有一套先进实用的创业者职业化训练体系。创业者既是员工，又是学员，每个创业者都可以在短期内从"业余创业者"被训练成"职业创业家"。

在孵化器里，员工可以彻底实现从"打工仔"到"创业者"的角色转变，明确、稳定、美好的愿景，科学可行的机制，大批成功孵化的榜样，让创业者对创业成功充满渴望和信心。

（4）公平竞争

企业家孵化器"以绩论人"的晋升机制和奖励机制，可以 100%做到任人唯贤，可以彻底避免众多企业按亲疏、资历、文凭、年龄用人的弊端，真正做到"有本事就来拿，拿不到怪自己"的公平竞争，让真正的人才能够脱颖而出，健康成长，快速成功。

孵化器"水涨船高"的晋升机制促使各级管理者全心全意帮助下级，实现层层传、帮、带，可以最大限度地实现内部知识共享，促进创业者快速成长。

（5）持续发展

强者孵化、优者有股、贤者终身三大特殊激励机制，既给创业者铺设了一条致富、成长、当老板的成功通道，又给优秀的创业者以持续发展的安全感和归属感，让创业者具有了持续发展的组织保障。

公司搭建的良好平台，可以完全实现客户会员化，并提供一站式终身服务，让每个客户都可以成为创业者的终生客户，实现一次开发，N 次销售。这样可以让创业者避免低层次重复或走弯路，大大提高创业效率和创业成功率。

企业家孵化器是一种全新的组织创业模式。我们发现这个新生事物，虽还需要进一步探索，但它的成功和推广，必将为新经济时代增添一个新的亮点。

3. 孵化器的真正成功在于"以人为本"

孵化器倡导的人本管理一直为众多的中国企业所推崇。

天九在交流自己推行人本管理经验时说，以人为本最根本的就是要满足人才不断增长的正当需求。马斯洛讲人的五个需求层次，是比较科学的。但在管理实践中发现，用三个层次来表达可能更清晰。这就是：第一个层次是最低需求，他们要温饱，要有余钱，这是生存之本。第二个层次是中级需求，他们要致富、成长、发展，光有鱼，一顿就吃光了，他得想怎样去捕鱼。第三个层次是高层次，层次虽高但人数不少，有80%以上的员工都希望当老板。

这第三个层次的需求最难满足。不过老板的概念不一定是占有 100% 的股份，股东也是老板，管理者也是老板。总之，他希望最大限度地使自我价值得到张扬，这也是马斯洛的最高需求，即实现自我。这三个层次就是致富、成长、当老板。企业如果能够满足人才的三个层次需要，你就能够吸引人才、留住人才、激励人才，充分发挥人才的主观能动性。

　　一般地讲，激励可分内激励和外激励两种。外激励是指激励者利用适当的物质或精神手段来促使被激励者的行为达到激励者所期望的状况，内激励则是指被激励者自觉地去从事某种活动。一个人之所以能从事某种工作，并干得卓有成效，归根到底是由于内激励起的作用，即我们常说的由"要我干"到"我要干"。欲达此境界，以下工作是必不可少的。一是启发人的觉悟，尊重人的个性；二是给人以参与和制定某些决策的权力；三是使组织与个人的价值观达到最大程度的一致；四是使人清楚所从事活动的目的和意义；五是激励者要以身作则，充分发挥模范带头作用。在天九频率用得最多的是褒义的、赞美的词汇，有 80%的时间对员工是赞美，只有20%的时间是批评。

　　天九还花大力气创立并推行了高效激励机制。所谓高效激励机制，即：

　　愿景激励＋机制激励＋过程激励＝高效激励

　　这是一个三位一体的激励整合体系，用图 8-2 可以说明。

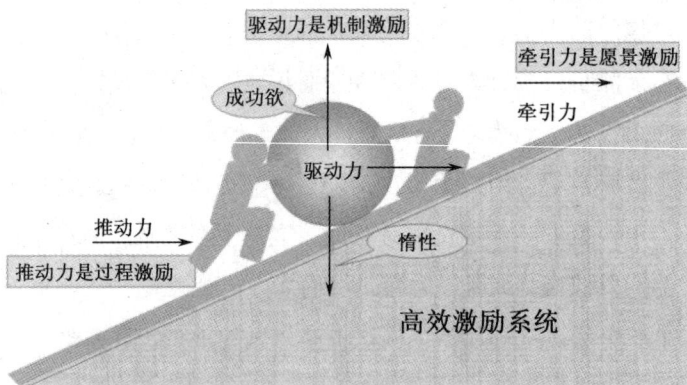

图 8-2　高效激励体系

　　管理者面临的难题就是，不能让这个球往下滑，要让这个球向斜坡的上方滚动，而且越快越好。球为什么往下滑？因为地心有引力。人为什么往下滑？因为人都有惰性。每个人都有惰性，没有激励就要往下滑。虽然人人都有惰性，但只有极少数人甘心做一个无所事事的懒人。每一个正常人都想成功，不想懒惰。他之所以懒惰是管理者不能调动他的积极性，没有能力把他的积极性调动出来。世界上没有一个正常人是不能被激励的，当员工懒惰时，责任往往在组织问题和机制问题上。

从图中可看出，球在斜坡上怎样才能向上运动得最快呢？简单力学原理的解释是，牵引力、个人驱动力和推动力三种力合一时是最快的。当三种力方向趋同的时候，员工跑得最快。牵引力是什么呢？牵引力就是愿景激励。这是高效激励的发动系统：企业了解员工志趣，帮助其立志。在理清个人愿景的基础上，树立共同愿景。确立共同愿景后，就要通过各种方式不断强化愿景，如座右铭、团队呐喊、司歌、VI 等方式时时强化，使之深入人心，融入灵魂。实施愿景激励，能使员工真正体验工作的价值，感受到为了企业愿景奋斗的快乐。如此便可实现快乐工作，大大激发员工潜能。

过程激励是高效激励的支持系统，可以为员工提供推动力。过程激励是高效激励系统中最繁琐的一个环节，必须天天进行，时时进行。首先是目标激励，如最早由松下公司发明、并在海尔推广的"日清制度"，帮助员工"月月有目标，周周有目标，天天有目标"。其次是竞争激励、榜样激励、授权激励、沟通激励、情感激励等，点头、微笑、赞美、认可、尊重、关爱都是过程激励中非常好的手段。过程激励法的示意图如图 8-3。

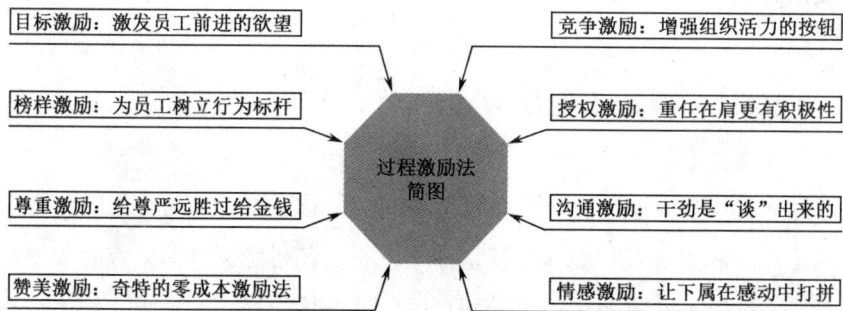

图 8-3　过程激励法

但仅仅有这两个还不够，还要有机制激励。机制激励是高效激励的保障系统，可以为员工提供驱动力。企业一定要建立规范的奖惩制度和程序才能起到最大的激励效果。

不希望员工因为金钱的缘故离开天九，但天九决不把它作为唯一机制。天九这些年来积累形成了一整套行之有效的激励机制。一是"任人唯贤，能上能下"的用人机制；二是"高效高薪，多效多得"的分配机制；三是"重奖重罚，赏罚分明"的奖惩机制；四是"公平竞争，效率优先"的竞争机制；五是"共同富裕，共同发展"的发展机制。这些机制有机结合，既是天九屹立不倒的旗帜，也是天九持久吸引和留住人才的关键。

配合激励机制，还必须建立一个科学的评估标准，尤其是要改变过去那种偏重经济数字绩效的评估标准。因为如果这些数量标准与客户服务没有直接关联，员工就会尽力完成数量指标，而忽略其他诸如行为绩效的指标，这样就会影响服务质量，最终导致客户流失。因此，激励效果评估不仅要关注业务绩效指标，更要注重关键行为绩效指标。由于行为绩效指标难以量化，评估的复杂程度较高，因此比较科学的办法是采用 360 度综合考核，这样才能得到比较客观的效果。

天九是这样制订的，也是这样实行的。以人为本的企业文化理念、科学的评价体系和三位一体的高效激励机制，就是天九由诞生西部农民城到驰骋国际大市场的成功法宝。

阿米巴模式：独立经营体

阿米巴（amoeba）是一种单细胞生物，俗称变形虫。这种生物具有极强的生命力和多变性，躯体可任意伸缩，环境有利就长出伪足或者鞭毛快速行动，环境不利就变成可以长期存活而且抵抗力很强的包囊。假如它不是致病而是造福社会的话，那简直就是人类最好的榜样。另外，同人类的复杂性相比，阿米巴单纯得清澈透明。在日本动画片《灌篮高手》中，流川枫就被称为阿米巴。所以，稻盛和夫用它作为组织单元的比喻。

阿米巴经营的提法，最初来自京都陶瓷株式会社的一名年轻员工，用于形象地比喻稻盛和夫创造的经营方法。这种方法的核心，是把企业划分成独立核算单元，每个单元就是一个阿米巴。稻盛缔造了三家世界五百强企业——京瓷、KDDI 和 JAL（日航），能够一直保持高收益并可持续发展。按他自己的说法，其奥秘全在他的经营哲学和阿米巴组织里。

1. 阿米巴经营的目的

稻盛和夫指出："所谓的'阿米巴经营'就是将企业划分为一个个的小集体即阿米巴。每个阿米巴独立核算，它们以各个阿米巴的领导为核心，让其自行制定各自的计划，并依靠全体成员的智慧和努力来完成目标。每个阿米巴就像一个小商店或小企业那样独立经营，它们之间是买卖关系。"具体来说，阿米巴经营有三个主要目的。

第一，确立与市场挂钩的单元核算制度。

稻盛将企业的核算简单理解为"追求销售额最大化和费用最小化"，并要求可以核算的每一道工序、每一个部门，都要学会自己算账，降低支出，增加销售。

第二，培养具有经营者意识的人才。

阿米巴的领导人享有经营权，有权制定本阿米巴的计划，并提出相应的目标。为了实现经营目标，阿米巴领导人必须主动采取各种措施，减少自身的消耗，提高工作效率，在同下游阿米巴协商的基础上尽量提高价格。所以，经营阿米巴犹如经营一个独立的小公司，需要领导人具备方方面面的能力。

第三，实现全体员工共同参与经营。

为了调动全体员工的积极性，稻盛一方面不断强调自己的经营理念，使之获得所有员工的认同；另一方面将阿米巴的经营信息以晨会方式通报给所有员工（包括临时工），实现玻璃般透明的经营。所有员工能够实时掌握所在阿米巴的动态，明确努力的方向以及成果。

2. 阿米巴经营单元的构建

划分阿米巴单元是阿米巴经营的开始。

稻盛和夫强调，阿米巴经营成功与否，系于其划分是否合理。"组织的划分必须准确地把握事业的实际情况，并以此为依据进行划分。"一般而言，划分阿米巴应遵循三个原则。

首先，划分后的阿米巴必须能够独立核算。

其次，划分后的阿米巴必须能够独立完成业务。

再次，划分后的阿米巴必须能够贯彻公司的整体目标和方针。

阿米巴划分的决策权力在于其直接的上级管理者，只要管理者认为有必要且该团体满足成为阿米巴的条件就可以进行划分。因此，根据管理者划分思路的不同，存在多种阿米巴划分方式。在京瓷公司，有些阿米巴是管理者根据工序流程进行划分的；有些则根据团队成员的协作和配合进行划分；有些阿米巴只有几个人，是被管理者根据条件细化的结果；有些虽然人数较多，但会被管理者作为一个阿米巴。

阿米巴经营的过程中，还需要根据市场动态和运行情况对阿米巴进行调整，可能将原有的一个阿米巴拆分成多个阿米巴，或者将多个阿米巴合并成为一个阿米巴。阿米巴的调整决定一般是管理者根据单位时间核算表的结果做出的，得到现场肯定的调整决定能够立即付诸实施。

3. 阿米巴经营模式核心——管理会计核算

（1）实效数据是管理会计基础

阿米巴经营模式以数据管理为基础，数据可以使得简短的对话变得更加具体。各级领导人和员工通过数据可以易如反掌地把握经营现状，并在此基础上，在短时间内进行更加具体的沟通，及时采取相应措施。数据化管理的关键是实绩一出来就立刻讨论，并采取相应措施。人在工作中往往有很多想法，但时间一长就很容易忘记。在京瓷，领导者将年度计划、月度计划分解后得到日计划，数据都在车间前面贴着。员工在每天晨会时会获得前一天的总生产、达成率、单位时间核算、良品率等实绩，同时指出当前的问题及当天的工作任务，所有的成员都边听边做笔录。晨会等会议上的反复传达，使全体员工对核算变得非常敏感，而且会对手头的工作所创造的利润产生浓厚的兴趣。

（2）单位时间核算是管理会计核心

阿米巴经营的目标只有一个，那就是"单位时间内追求销售额最大化和经费最小化"。单位时间核算制度是京瓷公司独创的一种会计体系，让不懂财务的员工也能轻松核算。单位时间核算制度如图8-4。

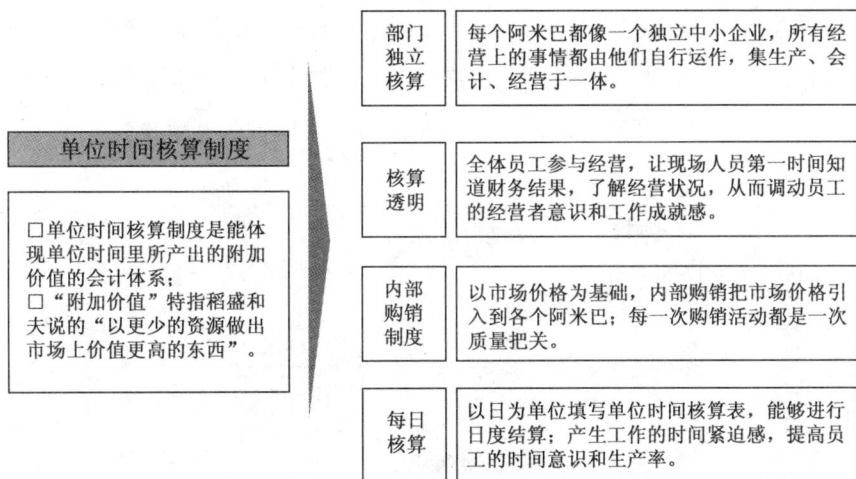

单位时间核算制度		
□单位时间核算制度是能体现单位时间里所产出的附加价值的会计体系； □"附加价值"特指稻盛和夫说的"以更少的资源做出市场上价值更高的东西"。	部门独立核算	每个阿米巴都像一个独立中小企业，所有经营上的事情都由他们自行运作，集生产、会计、经营于一体。
	核算透明	全体员工参与经营，让现场人员第一时间知道财务结果，了解经营状况，从而调动员工的经营者意识和工作成就感。
	内部购销制度	以市场价格为基础，内部购销把市场价格引入到各个阿米巴；每一次购销活动都是一次质量把关。
	每日核算	以日为单位填写单位时间核算表，能够进行日度结算；产生工作的时间紧迫感，提高员工的时间意识和生产率。

图8-4　单位时间核算制度

部门独立核算。

阿米巴经营要求各部门独立核算，这个独立核算让部门自行决策，这样部门就变成了小的经营体。部门核算表体现了一个"细"字。仅仅涉及一个部门的经营，一张单位时间核算表就有50个项目左右。包括收入管理、经费管理和时间管理的内容，每一项都清晰地用金额来表示，并且划分详细。例如，经费管理中的水电费被划分成了水费和电费两项以进行区分。

单位时间核算表是经营的晴雨表。每一个阿米巴将每天经营的数据填写到表格中，由部门进行汇总，计算出本阿米巴的单位时间附加价值。通过纵向和横向比较，得出当天经营优劣的结论。

透明核算。

阿米巴核算的透明表现在任何员工都可以查看单位时间核算表的核算结果，而一般企业经营特别是上市公司的披露环节，会计核算结果只有管理者知道。员工，特别是第一线的人员，只有在了解了经营成绩时才能产生主人翁的意识，才能紧密团结工作，将实现经营目标视为己任。

内部购销制度。

物资在阿米巴的部门之间以及同一个部门的不同阿米巴之间流转，都可以通过购销的方式实现，也就是一个阿米巴和另一个阿米巴实行的是买卖关系。这些在阿米巴之间进行购销的半成品的定价一般是根据工序的单位时间以及销售给客户的最低价进行倒推的，具体情况见图 8-5。

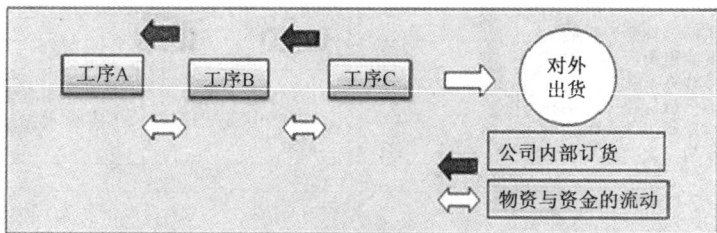

销售佣金负担金额 单位：万日元					
	工序A	工序B	工序C	制造科合计	销售部门
对外出货			100	100	
公司内部销售	30	70		100	
公司内部采购		30	70	100	
生产总值	30	40	30	100	
支付佣金	3	7	10	20	10
获取佣金		3	7	10	
销售佣金的负担额	3	4	3	10	

图 8-5　京瓷内部购销实际案例

阿米巴经营以客户为始端，通过内部订货方式实现物资和资金的流动。通过层层分解，由销售部门收取佣金。例如一件产品 100 元，阿米巴 A 用了 3 个单位时间，阿米巴 B 用了 4 个单位时间，阿米巴 C 用了 3 个单位时间。生产总值 100 元，那么阿米巴管理者通过协商就会将内部购销价格设定为：阿米巴 B 用 30 元从阿米巴 A 处购得物资，阿米巴 C 用 70 元从阿米巴 B 购得物资，阿米巴 C 市场卖价为 100 元。其中，阿米巴 A 的工序生产总值就是 30 元；阿米巴 B 的生产总值是 70 元减去对 A 公司的内部采购 30 元，剩余 40 元就是其生产总值；阿米巴 C 的 100 元对外发货价减去对阿米巴 B 的 70 元公司内部采购，生产总值为 30 元。

每日核算。

单位时间核算制度以天为单位，每天进行核算。这不同于国际通用以月、季、年为单位进行事后统计的审计报表。阿米巴核算能够进行每日结算，这种高效的核算方式使得管理者和现场员工都能第一时间得到统计数据，及时了解市场动向，迅速调整经营计划，增强了企业的灵活性。

（3）利润体系是管理会计的目标。

阿米巴经营的目标是每个阿米巴都是利润创造者，都是利润主体。它改变传统企业责任中心的划分，如图 8-6。

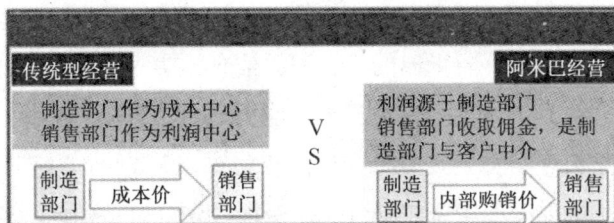

图 8-6　利润管理体系

传统责任划分一般分为成本中心、利润中心等，而阿米巴经营要求利润源于制造部门，销售部门收取佣金，变成了制造部门与客户的中介。

4. 阿米巴经营的基础和前提

既然运用价格机制，按照市场调节方式可以搞好企业经营，那么企业还需要管理吗？"看得见的手"岂不成为多余？稻盛和夫的回答是，还需要管理，"看得见的手"并不多余。然而，管理的宗旨、方式、措施需要有根本的转变。从宏观角度看，管理主要放在企业的理念建设和人格培养上；从微观角度看，管理主要是按照经济核算办法保证价格机制发挥作用（即后文所说的会计原则）。稻盛和夫指出，自利是生产发展的动力之一，各阿米巴适度的自利无可非议。但是如果每个阿米巴的领导者过分追求自利，那么就会使交易难以完成。不仅损害其他阿米巴的利益，而且会给企业带来损失，最终陷入"囚徒困境"和"公地悲剧"。为了避免出现这种情况，阿米巴经营必须以企业的经营理念为指导。缺乏所有员工都高度认可的经营理念，就不能实施阿米巴经营。阿米巴经营需要有以下基础和前提。

第一，企业成员之间必须相互信任。

阿米巴之间，固然存在一定的竞争，但作为同一个企业的不同单元，肯定唇齿相依。各阿米巴通过定价进行交易，阿米巴的领导者就有义务如实报价，如实告知客户阿米巴关于产品的详细真实信息，如实向供应商阿米巴通报市场信息。组织成员之间相互信任，可以大大减少协调成本，使阿米巴领导者集中精力钻研业务，提升技能。另外，阿米巴经营要求全员参与，势必要将企业、阿米巴的所有相关信息如实、迅速地告知员工。只有在充分掌握信息的基础上，员工才能明白努力的方向和目标。

第二，上级领导必须成为"公正的裁判"。

内部价格的制定是阿米巴业绩和利润的关键。但是任何制度都有不尽完美之处，因为定价问题，阿米巴之间可能出现矛盾。当冲突依靠阿米巴领导者自行协商无法解决时，就需要更高级别的领导者出面调停。这种调停的权威程度依赖于上级的公正，其关键是上司要有"包公"式的公正理念，能够倾听双方的主张，所做出的裁定能被双方心甘情愿地接受并服从。

有关问题解决方案见下表 8-1。

表 8-1　内部购销问题解决方案

矛　盾	解　决	备　注
阿米巴之间定价不公平	经营高层制定出任何一方都信服的公平价格	要求高层公平公正具有说服众人的见识
因核算价格恶化有的阿米巴可能放弃生产		
销售和生产部门之间的冲突	佣金制销售部门提高销售额可以获得 10% 的手续费	销售部门和生产部门的关系难以协调

这看起来很难，实际只要坚守"不撒谎、不欺骗、要正直"这些最基本的伦理就能做到。一旦上司的裁定有违公平，就会打击阿米巴的积极性，使组织成员丧失动力。

第三，阿米巴领导者要具备诚实正直的品格。诚实正直是最基本、最朴实的人世伦理。

稻盛认为，当今商界的各类丑闻，实际上都是因为领导者违背了这一基本的伦理道德观念。一个人的才华可能会带来一时的成功，但只有秉承诚实正直的做人之道，才能使事业长久不衰。经商不能没有才智，但如果仅仅有才智而品德不相称，那就十分危险。稻盛强调，领导者必须是一个具有完美人格的人，而人格在不断变化，尤其在取得成功之后更容易迷失自我。所以，"除了能力之外还必须努力磨炼自己、提高心性，磨炼心灵，成为一个具有高尚人格的人。从经营高层到阿米巴领导都必须具备高尚的人格。"

虚拟化模式：任务特种兵

登山运动作时刻伴随着危险，单个人的力量有时很难抗拒大自然无情的侵袭，特别是一些公认的难以征服的高峰。你身边必须有一些绝对信赖的伙伴，通过共同的努力才有可能完成艰难的任务。每次完成一次漂亮的登顶，我和团队都在思考，这样的信任对于新的经济环境以及越来越突出的虚拟团队化究竟意味着什么？

你的团队成员遍布世界各地，而不是在同一栋办公楼内上班。有许多公司成员通过虚拟方式联系，如电子邮件、电话和视频会议，以省时省钱。

技术的迅猛发展，一方面让"虚拟团队"成为现实，另一方面让协调的统一计划被虚拟的灵活机动所取代。但如何解决随之而来的管理问题呢？原处于萌芽状态的"虚拟团队"正在以一种悄无声息的方式成为组织发展的新趋势和管理层关注的新焦点。

1. 虚拟团队的显著优势

虚拟团队是继虚拟企业、虚拟组织概念后产生的一种"以项目为中心"的动态、柔性、高效协作的人力资源组织模式，被誉为 21 世纪的人力资源组织模式。

虚拟团队最早产生于军队，是一种"以任务为中心"的临时性团队，其团队成员为了实现共同目标而进行跨边界（时间、地点、组织）的互动。虚拟团队区别于传统团队的本质特征体现在"内""外"两个方面。"内隐"本质特征，指虚拟团队是一种"以任务为中心"的人力资源组织方式。虚拟团队依托项目进行人员组合和资源配置，是一种项目型组织。"外显"本质特征，指虚拟团队区别于传统团队的典型特征是团队成员跨边界（时间、地点、组织）的互动。虚拟团队由任务驱动的成员组成，团队成员在时间和空间上具有各自的独立性；团队内部通常采用面对面交流和基于信息通信技术（ICT）的交流相结合的模式进行沟通；团队成员是具有极高专业知识水平的专家，利用自身知识相互协作，解决项目中的问题。

虚拟团队可分为以下 7 种类型。

网络式虚拟团队。团队和组织边界模糊，团队成员具有较高流动性。

并行式虚拟团队。团队成员构成明确，团队和组织边界明确。是在短期内构建的为改善某一过程或系统而设计方案的临时性组织，任务完成后自动解散。

项目产品开发团队。团队界限明确，团队成员具有一定的流动性，团队任务具有长期性、非常规性，团队具有决策权。

工作团队。团队界限明确，成员确定，完成常规的、单一功能的任务，通过内部 Intranet 进行沟通，共享信息。

服务团队。由提供网络维护、技术支持的跨地域的技术专家组成，根据不同地区的时差轮流工作。

管理团队。由跨国公司的高层管理人员组成，利用网络信息技术协同工作以指导公司目标的实现。

特别行动团队。对紧急情况、突发事件提供快速反应。

在全球化的经营环境中，虚拟团队的部署是一种颇具吸引力的管理战略，主要原因是：它允许分散性组织最大程度地发挥各自专长，而不需要实质性的个体物理流动。完成一项任务所需的专家也许分布在组织的各个地区，虚拟团队可促进这些人力资源专心关注于某一问题，而不需要实质性的人员流动。此外，虚拟团队允许组织将不同文化、不同习惯的多种意见统一起来，以避免逆生产效率的现象发生。

【案例】小米的虚拟团队

小米成立 3 年时间销售额做到 300 亿。他们认为管理是不信任员工的方式，认为只要找到一群最有能力和追求的员工，一切就是水到渠成。组织极度扁平化，甚至网络化，除了创始人有职务，其他人都是工程师。用责任感代替 KPI，强调对客户负责。几乎不开员工大会，减少多线汇报的繁琐。以产品为中心进行虚拟团队运作，粗暴涨薪，透明的全员持股计划，甚至部门质检还可以相互投资，哪里还有什么人力资源管理？

2. 虚拟团队的管理挑战

然而，组建了虚拟团队并不就意味着获得竞争优势和成功。相反，虚拟团队的成功比传统面对面团队的成功更加困难。

虚拟团队不一定依赖于一个看得见摸得着的办公场所而运作，但它却是一个完整的有着自己运行机制的团队。它的存在跨越了时间和空间的限制，成员来自非常分散的地区，因此缺乏成员之间相互接触时所具备的特征。下面列出的是，它与传统组织方式之间的四个主要不同点。

领导方式不同

虚拟团队利用最新的网络、移动电话、可视电话会议等技术实现基本的沟通，在技术上的诱惑力是显而易见的。但作为组织，在管理上稍有不慎，就会造成管理的失控。一个虚拟团队的管理者很有可能担心，一个看不见的团队，如何控制呢？

对于同处一地的团队而言，如果领导者扮演的角色是协助者，团队成员的获益是最大的。而虚拟团队需要一名能提供清晰界定方向的管理者，以消除工作中任何模棱两可之处。对成员分布全球的团队来说，高度集中化的协调效果最佳。团队负责人必须明确规定各自的角色和职责，并且以身作则。

决策方式不同

世界各地的团队运作方式并不相同。在美国，管理者主要负责促进团队工作、迅速选择方向并在项目进展中做出调整。在瑞典团队通过长时间开会来做出决定，这可能要求举行多次会议，但成员对决策的接受度高，执行决定迅速。法国笛卡尔式的教育体制则认为，辩论和当面争执是任何决策过程取得进展所需的必要步骤。而在日本，决策往往是正式小组会议前，在非正式的一对一讨论中做出的。

我们发现对全球性团队领袖最困难的挑战之一，是要认识到他们做出决策的风格或许根植于他们所在国家的文化。因此全球性团队需要非常明确地说明决策方式，而最好的全球性团队负责人必须愿意在项目的不同阶段尝试不同的决策流程。

沟通方式不同

在全球虚拟团队的领导中关键的技巧是沟通。实验证明，在讲话时移动身体能增强你讲话的效果。全球虚拟团队的经理常常端坐在办公桌前，全神贯注地盯着视频会议的画面，从而失去了人际交往效用，说服力大减。走动或仅仅挥动手臂就属于简单而有效的沟通技巧，管理者们可以应用这些技巧来提高所传达信息的说服力。

所有这一切的要点是，管理地理位置分散的团队所需的技巧，要比管理传统、同地工作的团队广泛得多。不仅如此，管理者还需要根据团队成员的不同组成以及他们之间的距离，选择不同的技巧。

3. 虚拟团队的管理模型探析

虚拟团队管理的三个关键词：目标、成员和连接。

第一个关键词，目标。

对虚拟团队而言，目标是使团队成员一起工作的黏合剂。只有当团队目标被团队成员强烈认同和接受时，他们才会一起工作。在虚拟团队中，团队目标必须转换为行动方案，成为团队成员一起工作的基石。由于个人和单个组织独自无法取得预期的结果，才会建立虚拟团队解决面临的困境。

第二个关键词，成员。

团队成员是虚拟团队的核心，我们必须考虑以下三个关键因素：一是独立性。虚拟团队的每一位成员必须自主、自我依赖，但又能相互依存。二是领导分享。虚拟团队的每一位成员能随着团队进程，担当领导者角色，领导者随任务的变化而变动，每一位成员在任务进程中发挥自己的才能和专长。三是整合水平。虚拟团队不仅仅是横向连接的团队，它必须能与组织上下连接。

第三个关键词，连接。

首先是围绕信任的控制和联系。

虚拟团队管理的核心问题其实是信任的建立和维系。如果我们仍需使用控制这一方式，控制的对象应该是"信任"本身。因此虚拟团队的管理体系和管理思维都是围绕着"信任"而展开的。在信任的建立和维系上，其基本的规则如下。

1）充满人情味的信任。授信给网络的另一端通常不是朝夕之事。例如，当你联系的对象都是数字化代码或单纯的电邮地址时，你怎么能给予对方信任呢？这可能是网络经济中的最大悖论：组织的虚拟程度越高，人们对人情味的需求就越强烈。

2）有限的信任。组织对虚拟团队成员的信任其实是一种信心，即对成员能力的信心，以及对他们执行目标的信心。做到这一点，必须对组织进行重新建构，比如改变过去任务层层分派下达的安排方式，转而建立任务封闭式的独立工作单元。在这种情况下可以最大程度地释放信任和自由，由此产生的利益将远远超过职能重复的弊病。

3）契约化的信任。对一个追寻商业目标的组织而言，信任不仅是一种主观的行为，还应该和契约联系在一起。在给予独立业务单元信任的同时，要保证该单元的目标和整体组织的目标一致，这就要求信任和契约相辅相成。

而信任也为虚拟团队的管理层带来另一个两难的处境。不错，信任是给予员工了，但员工凭什么把自己的信任寄托给一个自己看不见的"虚拟化组织"？传统企业员工是组织的"人力资源"，他们和组织之间是一种合同制的关系。良好的薪金、开阔的职业发展道路、挑战性的工作，都可以成为他们工作的激励因素。

在知识经济时代，员工已经不再是"人力资源"，而应该是"人力资产"。他们所代表的无形资产在很多企业中已经远远超过了有形资产的价值，在高科技领域尤其如此。作为高价值的无形资产的代表者，他们可以轻易离开现在所处的团队，尤其是以信任而非控制为主导管理思想的虚拟团队。这一风险的存在往往会引发恶性循环：投资者为回避风险，急于尽快收回成本，不惜采用短期投资行为；而管理层迫于投资者的压力，只有拼命压榨现有员工，这一切又会加速员工的离开。

其次，连接的方式是"晓之以理，诱之以利"。

晓之以理：项目启动前期，第一件事情是组建团队，第一时间让每个人意识到他们即将投身的项目是公司目前的重中之重。

动之以情：关键的一步是以身作则，让团队感觉到自己对项目的执著和进取心，潜移默化之中让他们去信赖你，认可你领导团队的能力。

诱之以利：不是赤裸裸的真金白银，而是对成功的展望和更多的提升机会，使之心甘情愿地付出。

挟之以威：上述三种方法需时间的积累。当项目需要紧急处理时，有时要以最直接的方式来解决问题，最常用的是"升级汇报"。向他的领导层汇报，并寻求补救措施，包括讨论替换人选。

消除虚拟团队中存在的恶性循环，更好的连接方法是"员工"会员化。作为会员，他们要签订会员协议，享有相应的权利和负起相应的责任，最重要的是参与公司的管理。成为会员之后，员工的归属对象就不再是某个"企业"，而是某个"社区"，对虚拟的社区也会产生归属感。

虚拟是无形的，而管理的转型却实实在在。不难预计，谁能顺利实现这一转型，谁就能在网络经济的新一波发展中占尽先机。

换一条路线，也许有意外的惊喜。合适的路线对于登山来说是至关重要的，不同的路线选择往往意味着不同的结果产生。因此在路线的选择上，绝大多数的情况下我们都是保守而谨慎的，但这同时也抑制了另外一些可能性的出现。如果一味地遵照惯例行动，就很可能扼杀了很多美妙的经历。

所以，欢迎来到新的虚拟商务世界。

云组织模式：未来生态链

当跨界越来越流行的时候，我们发现互联网最先摧垮的还不是现实与虚拟之界，而是纯粹的物理边界、固化的组织边界和清晰的团队边界。当云结构、云连接、云组织、云协作、云创新风生水起的时候，我们不妨自问，原来的管理思维、管理模式还玩得转吗？

我们可以看到，无论淘宝还是京东，无论滴滴还是优步，无论"猪八戒"还是"最美食"，无论知乎还是价值中国，无论在行还是格理，都体现出"云"的特征。它们既有云的柔性，又有云的包容性，还有云的动态调适能力。而平台、联盟本身就颇具云色彩。

云组织是互联网时代的一种企业组织和合作形态，是在虚拟企业和企业联盟的理念基础上延伸、发展、演变而来的。这种组织里，人力资源被上传到所有需求者能接触到的"云端"或"云台"上，能够随需求被调用，利用效率提高至最大，而任何需求都能得到"云"的回应。

1. 云组织顺势而生

云经济和共享经济是一个意思。云表面上看是一种数据，其实是数据背后的资源。一个资源可以用在多个地方，共享员工，就是把员工放在云端共享。

当今时代需要转型。传统组织结构就像金字塔，高层权威感知不到市场的温度。即使感知到了，也无法整合外部的资源。市场营销方式要深度分销或者大量销售，不断用低价冲击市场。而这个时代规模经济不行了，大一统的产品没有用户会买单，便会形成极多的库存。强势的 CEO 不能决定市场需求，随着市场需求越来越多样化，CEO 反会成为企业最大的短板。

未来需要平台化、扁平化、无边界、去中心化、去权威化、自组织等模式。这些概念很早就有，但是它们频繁出现在这个时代，就是因为组织结构变化越来越云化。

云组织要经历一个进化，从"私有云"到"公有云"。参见图 8-7。

一般情况下是用户引入需求，企业将需求传达给内部创客，然后生产，满足供需。

当用户的需求开始变化时，势必要求内部变得更加灵活，这就需要招募优质的外部创客进来，有更灵活的资源组合方式。企业这时候要从外部打开创业节目，使外部劳动力进入自己的平台创业，这时候私有云和公有云已经合一了。

图 8-7　云组织示意图

未来需要什么样的云组织？

必须将业务互联网化、数据化，并上传到"云端"。每人头顶是同一片云彩，但是创造出属于"自己的天空"，是这个时代的趋势。组织也好、个人也好，其实我们每个人都在不自觉地创造自己的"云"。

必须深度参与"连接"，深度利用互联网工具在组织内外部、组织内跨职能、线上和线下等多维度连接。

没有正式的机构、流程、岗位，一群创客集中在云端（云台），只要市场有任何需求，立即就会有最合适的创客对接。只要与企业平台拥有资源相匹配的创客，都会进入这个开放生态，成为云端的人力资源。

在这样的组织中，人力资源永远取之不尽用之不竭，企业却不用为此支付昂贵的人工成本。这样的平台上，创客们优胜劣汰，企业获得成功者带来的价值正反馈，却不用为失败者买单，平台永远生生不息。

组织和人力的价值将更加凸显。对未来的感知力、对人性的洞察力、对未知风险的驾驭力、对机遇的敏感度、对商业模式的创造力，文化氛围的营造力将决定这片"云"能聚多久，飘多远。

2. 云组织带来的新内涵

云组织是互联网时代的无边界组织。云、互联网+，带来对连接方式、关系结构、权力结构重塑的同时，让供给与需求、市场与配置、合作与协同、管理与激励、运营与监管、效率与效能等传统的逻辑都发生了变化，甚至是游戏规则的反转。

新内涵之一是个体跟组织是共生的关系。

马化腾在 2010 年的一次演讲中指出，"未来云组织和云创新时代正在向大家走来，也就是说通过信息技术和互联网技术，社会各个资源可以在需要时能够通过网络信息技术快速聚集起来，完成一项任务后又立刻消散，又能够进行下一轮新的组合。每个用户、每个中小企业都可以通过这个组织把自己的价值体现出来，并且能够从中获益。"

其实，云组织决不会仅仅存在于所谓的"网络"公司，也不仅仅是项目型的聚散。当互联网+风生水起，互联网与实体经济、第一经济与第二经济深度融合，共享经济与 WE 众经济无缝接入，大规模定制与大规模微众化相得益彰时，任何组织都毫无例外地会被卷入。此外，无论是初创公司，还是对于跨区域、跨业务的集团公司，云组织其实都有其市场。

新内涵之二是组织必须外部导向。

组织过去重在控制，重在秩序，重在威权，重在负激励。我们处处发现，工业思维、科学管理仍然挥之不去，表现为层级分明、团队壁垒、职能分割、绩效主义。刻板的绩效主义害惨了一些企业，特别是像索尼、松下成为重灾区。我们发现只要从事管理的人，就特别喜欢在内部开会，所有的决定和判断也是来源于内部的思考。可这恰恰是在组织管理中一定要调整的部分，组织需要外部导向。

云组织更接近于一个生态型组织，内部生态持续优化，并不断和外部生态交互、协调、融合。由此加长了创新链、放大了传播链、延伸了关系网、强化了价值网。这种生态化的力量加速了企业文化和商业文明的重构。

新内涵之三是组织需要打开内外边界。

这在今天来讲可能显得更为紧迫和急切。以今天互联网发展的速度以及创新速度而言，大部分企业的能力都是不足以面对挑战的。那么唯一能做的就是把边界打开，把能力整合连接进来。

一个人本质上隶属于什么组织，就看他在哪里自愿花费更多的时间或者是优质时间。自愿不是企业组织完全能够雇佣的。优质时间就是要看他是否处于激活态在做事情、在创新、在持续提升。不仅如此，一个人、一个团队都存在"认知盈余"，如何去组织和匹配伙伴的能力要素，如何去释放这种"盈余"，能不能让组织在提供对价、获得"盈余"的时候获得总体价值的优化，其实就涉及人力资本的实质及其智力资本管理运营的问题。这的确是今后企业管理面临的巨大挑战。

那么，云组织会不会打造一个独特的场景，成为人力资本与融合创新的入口？

生态型组织更具人性化，这种尊重人性的力量会深入组织文化的血液。这些组织也更乐于将企业成长、伙伴成长、社会责任进行一盘棋思考与实践。人力资本被激活带来的创新动能、融合效能更足，成为创新型组织与令人尊敬组织的几率相对更大。"人岗动态性匹配、无边界融合协同、相关者各得其所"越来越成为上述组织追求的目标。

无边界组织、蜂窝组织、量子组织是近期炒得比较火的概念。玛格丽特·惠特利认为，量子思维可以帮助管理者认知到，除了机械的部分，组织中更重要的是那些不可见的、非物质的影响力，姑且称之为"场"。是"场"在决定着员工的行为，即企业的价值观和文化因素。

3. 云组织重构管理方式

互联网时代，用户需求千人千面、无限极致、快速迭代。企业需要高效盘活内部资源，甚至纳入外部资源的组织模式——云组织。云组织将组织变成平台，让员工成为自驱动的创客，随用户需求自由连接、快速调用。

为了激活员工，平台需要激励机制。为了使员工生成商业项目，平台需要孵化机制。为了实现盈利目的，平台需要收割机制。

要打造云组织，人力资源管理职能应该转型。一方面让 HR 融入业务，另一方面让其他人成为 HR，让 HR 无处不在。互联网时代是人力资本的天下，未来 HR 应该是商业模式设计师。要打造云组织，企业领导力应该转型为平台领导力。

形象地说，云组织犹如一台机器，云组织的每一资源都相当于这部机器上的一个零件。只有当不同的零件自由协调运作时，这部机器才能发挥正常乃至最强的功能。因此，云组织的全部工作就应该是通过建立开放、统一、高效、易于管理的平台，实现企业人员、流程、信息的相互整合，从而灵活配制内外资源，使企业在市场竞争中能够迅速响应，实施随需应变的市场战略。

而云组织的连接管理正是为我们的企业经营者提供这样一种有效的手段。它能使企业在环境应变时，审时度势，把握发展命脉，合理又快捷地利用企业的人力、物力、财力、资源达到资源整体的优化配置，机动灵活地应付外界环境的变化，从而实现企业的超速发展。转型云组织的关键，就是要造就它的组织连接力，就是超越对手并取得更高更持久生命力的能力。组织连接力在终端上让消费者感受到，需要一个很彻底的连接革命。

在新的连接之中，互联网扮演的是颠覆式创新的角色。互联网是通过计算机的连接，部分实现了人与人的连接、人和信息的连接。互联网+融合云计算、大数据、物联网等，实现人与人、人与物、人与服务、人与场景的连接。

我们处于从传统社会走向信息社会的大变革时代，用户行为、商业行为、技术变革、商业模式变革、跨行业的融合等都在发生巨大的改变，互联网+、连接、生态都成为价值创造要素的一部分。从工业文明走向信息文明，走向连接一切的智慧世界，需要重塑新思维，建构组织与管理的新框架。唯有拥抱变化，才能拥有未来。